रामकहानी सीताराम

वाणी प्रकाशन

21-ए, दरियागंज, नयी दिल्ली-110002

फोन : 011-23273167, 23275710

फैक्स : 011-23275710

e-mail : vaniprakashan@gmail.com

website : vaniprakashan.com

रामकहानी सीताराम

मधुकर उपाध्याय

वाणी प्रकाशन का 'लोगो'
विख्यात चित्रकार मक़बूल फ़िदा हुसेन की
कूची से

ISBN : 978-81-8143-638-2

वाणी प्रकाशन
21-ए, दरियागंज, नयी दिल्ली-110002
द्वारा प्रकाशित
प्रथम संस्करण : 2007

आवरण : वाणी चित्रांकन
जय भारत प्रिंटिंग प्रेस, शाहदरा, दिल्ली-110032
द्वारा मुद्रित

मूल्य : 60.00

RAMKAHANI SITARAM
by : Madhukar Upadhyay

शशिकर, मीना, हर्षा और वासु को

आभार

सूबेदार सीताराम पांडेय की कहानी मेरे लिए एक सपने की तरह थी। इसे लेकर मैं कई साल जिया। इस पुस्तक को पहले अवधी और अब हिंदी में संभव बनाने में जिन लोगों का योगदान रहा उनमें मैं सबसे पहले अपनी माँ, कौशल्या और पिता, प्रद्युम्न उपाध्याय को याद करना चाहता हूँ, जिन्होंने मुझे अवधी की वह तालीम दी और जड़ों से जोड़ा, जिसके बिना यह रचना असंभव होती। मैं अपने नगर, अयोध्या और गाँव, सरयूबाग के लोगों के प्रति भी आभार व्यक्त करता हूँ, जिन्होंने अवधी को जीवंत भाषा बनाए रखा है।

अपने कई मित्रों-शुभचिंतकों की सलाह पर मैंने सूबेदार सीताराम को हिंदी में लाने का निश्चय किया ताकि इसकी पहुँच बढ़ सके। अवधी समझना वैसे कठिन नहीं है लेकिन पढ़ने में सहूलियत की बढ़ती भूमिका को देखते हुए मुझे अवधी को हिंदी बनाने में संकोच नहीं हुआ।

रचनाकर्म कभी आसान नहीं होता। इस प्रक्रिया में रचनाकार के अलावा बहुत लोग सक्रिय रूप से शामिल होते हैं, जिसमें उसका परिवार प्रमुख होता है। मैं अपनी पत्नी, कुमुद और बच्चों, संकेत और संचिता का आभार मानता हूं, जो इस 'पागलपन' में निरंतर मेरे साथ रहे।

— मधुकर उपाध्याय

Foreword by Sita Ram

FROM SEPOY TO SUBEDAR
Being the Autobiography of a Sepoy

Defenders of the poor!—obedience, etc., etc. —I have, by the fatherly kindness of the Government, been granted my pension, and according to your desire, I now send your Lordship, by the hands of my son, the papers containing all I can remember of my life during the forty-eight years I have been in the service of the English Nation in which I have suffered seven severe wounds, and received six medals, which I am proud to were. I trust what I have now written, and what I have before at different times related to your Honour, may prove that there were some who remained faithful, and were not affected by the wind of Madness which lately blew over Hindustan; for my belief is, it was this which blighted the army. My Lord knows I am not much of a Munshi, although I have been taught Persian; therefore my language must be excused. And without doubt, I have forgotten the English years in some instances; but what I have related to you, and what I have here written, it is true. To say more would be overstepping the bounds of propriety.

May prosperity ever attend your footsteps!

Your slave,

(signed) *Sita Ram*, Subedar
Tilowee, Oudh, 1861 Pensioner

Preface by Translator

I have attempted to render into English the Life and Adventures of this Native Officer, and in so doing have often been obliged to give the general meanings, rather than adhere to a literal translation of many sentences and ideas, the true idiom of which it is almost impossible to transpose into English.

In some parts of the narrative it becomes rather confused, and some of the dates are evidently incorrect, but when it is remembered that this 'life' embraces scenes and events which occurred during a period of half a century, and are related by an old man, these errors are not surprising.

For the opinions contained in the work, I am not responsible.

The narrative without doubt might have been expressed in more elegant language, and there are incidents enough, had one the pen of a 'Grant', to have produced a romantic tale, but as Truth is said to be stranger than Fiction, I have perferred to let it remain in its own unvarnished style and simplicity. For the benefit of those who may wish to criticize the translation, where any idiomatic words are used, the originals are often given, and critics are welcome to put that construction on these as seemeth them best. It is believed that this is one of the first attempts of any native soldier to give his thoughts and ideas to the world, and it took great trouble and a great amount of assurances before the *subedar* would part with his memories; so afraid are the natives (particularly those receiving pensions) of saying a word which might be considered to censure Government.

It is certain that if we were to study this little work, we

might obtain a better insight into native modes of thought and character than unfortunately many now possess. This *Life and Adventures* appeared many years ago in an Indian periodical since defunct (alas, the fate of most Indian periodicals) and at the time met with great favour, and excited no little interest.

The Times said in 1863, 'It would be well if all officers whose lot compels them to serve with native troops were to study this life of the old *subedar*'.

Punjab
1 January 1873

The Translator
James Norgate

विषय सूची

रामकहानी सीताराम

सीताराम पांडेय सूबेदार का थोड़ा सा विवरण मैंने करीब तीस साल पहले पढ़ा था और आधे पन्ने से कम के उस ब्यौरे ने मेरे मन में उनके बारे में और जानने की वह ललक पैदा कर दी जो दिल्ली या लंदन की पत्रकारिता और नौकरी की हबड़-तबड़ के बावजूद कभी कम नहीं हुई। बहुत बाद में वह किताब पढ़ने को मिली। सीताराम पांडेय की मूल अवधी किताब के अंग्रेजी अनुवाद में लगभग हर पन्ने पर अवधी के दो-चार शब्द पढ़ते हुए लगा कि अगर मूल पुस्तक पढ़ने को मिलती तो शायद बात ही कुछ और होती। इसकी एक वजह यह भी रही होगी कि मैं खुद अवध क्षेत्र का हूँ और मेरा घर सीताराम पांडेय के गाँव, तिलोई, से ज्यादा दूर नहीं है। बस इसी के साथ शुरू हुई मूल पांडुलिपि की तलाश, जिसका जिक्र मैं आगे करूँगा।

सीताराम पांडेय ने अपनी किताब संभवतः 1860 में तैयार कर ली थी। इसका पता इस किताब के पहले अनुवादक सैनिक अधिकारी, जेम्स नॉरगेट को लिखे उनके पत्र से चलता है, जो उन्होंने पांडुलिपि के साथ अपने छोटे बेटे के हाथ उन्हें भेजा था। उस समय वह सेवानिवृत्त होकर अपने गाँव में रह रहे थे और उन्हें पेंशन मिलने लगी थी। चौंसठ साल की उम्र होने के बावजूद सीताराम पांडेय काफी सक्रिय थे और बीच-बीच में वह अपनी वर्दी पहनकर और तमगे लगाकर पेंशन लेने के लिए छावनी जाते थे। चौपाल पर

किस्सागोई उनका पुराना शौक था और यह लगभग नियमित चलता रहा। सीताराम पांडेय मामूली पढ़े-लिखे इनसान थे और इस एकमात्र किताब के अलावा लेखक बनने या होने की उनकी इच्छा का कोई और प्रमाण नहीं मिलता। वैसे यह किताब भी उन्होंने अंग्रेज अधिकारियों के बार-बार के आग्रह और इस आश्वासन के बाद लिखी कि इससे उनका कोई नुकसान नहीं होगा। अनुशासनप्रिय सीताराम को सबसे बड़ा डर यही था कि अगर उन्होंने किताब लिखी तो कहीं उनकी पेंशन न रोक दी जाए क्योंकि इतना तय था कि वह किताब में अपने अनुभवों के आधार पर केवल सच लिखेंगे, जिसमें तत्कालीन ब्रितानी फौज या अधिकारियों की आलोचना शामिल हो सकती है। यह आश्वासन मिलने के बाद कि इससे उनकी पेंशन प्रभावित नहीं होगी, सीताराम पांडेय ने अपनी किताब पूरी की।

सीताराम पांडेय 1797 में पैदा हुए और 1812 में सिपाही के रूप में वह बंगाल नेटिव आर्मी की पैदल रेजीमेंट में शामिल हुए। उन्होंने सात बड़ी लड़ाइयों में हिस्सा लिया, छह बार घायल हुए और उन्हें बहादुरी के लिए तमगे मिले। इस बीच उनकी तरक्की भी होती रही और वह सिपाही से हवलदार, तनख्वाह हवलदार और बाद में सूबेदार बने और इसी रूप में 1860 में सेवानिवृत्त हुए। अड़तालीस साल की सेना की नौकरी के दौरान सीताराम पांडेय आगरा, बीकानेर, जयपुर, कंधार, काबुल, गजनी संथाल क्षेत्र और लखनऊ में तैनात रहे। खुद उनकी कहानी के हिसाब से उनका जीवन बहुत रोचक था। हालाँकि यह बात उन्होंने कई बार लिखी कि अंग्रेजों की बातें उन्हें कभी समझ में नहीं आईं। सीताराम पांडेय जिस अवधि में सेना में थे उस समय ब्रितानी हुकूमत अपना अधिकार क्षेत्र बढ़ाने और स्थापित करने का प्रयास कर रही थी। इसी दौरान गुरखों, पिंडारियों, मरहठों और सिक्खों से लड़ाइयाँ हुईं और भरतपुर के किले पर कब्जा हुआ। सीताराम पांडेय इन सब लड़ाइयों के अलावा पहले अफगान युद्ध में भी शामिल रहे। 1857 के प्रथम स्वतंत्रता संग्राम के समय सीताराम पांडेय ब्रितानी सेना में थे और उसकी स्मृतियाँ उनकी पुस्तक का एक महत्त्वपूर्ण हिस्सा हैं। अंग्रेज इतिहासकारों के मुताबिक यह स्वतंत्रता आंदोलन नहीं बल्कि सिपाही विद्रोह था, जिसे कुचल दिया गया।

सीताराम पांडेय 1857 की घटनाओं और उस समय की सोच को 'पागलपन की बयार' कहते हैं और उन्होंने अपना यह विचार कभी नहीं

बदला। इस गदर में उनका बेटा, अनंती राम, भी शामिल था जिसे गदर के जुर्म में पकड़ा गया और उसे उनके सामने ही गोली मार दी गई। इस हादसे के बावजूद सीताराम पांडेय अनुशासन और व्यवस्था के पक्षधर बने रहे।

जिस समय-खंड (1812-1860) का जिक्र सीताराम पांडेय करते हैं उसके बारे में बहुत से दस्तावेज उपलब्ध हैं। सरकारी पत्राचार और दस्तावेजों के अलावा उस समय ब्रितानी फौज में कार्यरत अनेक अधिकारियों ने इस संबंध में अपनी डायरियाँ और किताबें लिखीं लेकिन किसी भारतीय सिपाही द्वारा लिखा गया कोई विवरण नहीं मिलता। इस दृष्टि से सीताराम पांडेय की पुस्तक का दर्जा बढ़कर एक ऐतिहासिक दस्तावेज का हो जाता है क्योंकि यह अपने किस्म की अकेली किताब है। हो सकता है कि कुछ और पांडुलिपियाँ कहीं दबी पड़ी हों और बाद में सामने आएँ लेकिन फिलहाल सीताराम पांडेय उस काल के लिए एकमात्र भारतीय स्रोत हैं और उनका महत्त्व बाद के संभावित प्रकाशनों के बावजूद कम नहीं होगा।

आमतौर पर यह माना जाता है कि सीताराम पांडेय को अपने संस्मरण लिखने के लिए प्रेरित करने का काम लेफ्टिनेंट कर्नल जेम्स नॉरगेट ने किया, जो बाद में उनकी किताब के अनुवादक भी बने। इससे सीताराम पांडेय के विवरणों की सत्यता की पुष्टि होती है क्योंकि नॉरगेट न सिर्फ उन घटनाओं बल्कि खुद सीताराम पांडेय को निकट से जानते थे और उन्होंने पांडुलिपि के किसी अंश पर कोई आपत्ति नहीं प्रकट की। जेम्स नॉरगेट का अनुवाद पहली बार एक तत्कालीन पत्र में छपा था। लेकिन उसका कहीं अता-पता नहीं चलता। नॉरगेट का कहना है कि 1863 में लंदन के अखबार 'द टाइम्स' ने उस किताब के कई और संस्करण छापे। सीताराम पांडेय से जेम्स नॉरगेट का संपर्क निरंतर बना रहा क्योंकि 1873 के संस्करण में नॉरगेट सीताराम पांडेय की मृत्यु का जिक्र नहीं करते लेकिन 1880 के संस्करण में वह लिखते हैं कि सीताराम पांडेय अब संभवतः जीवित नहीं हैं।

अगले दो दशक तक इस संबंध में कुछ नहीं हुआ लेकिन 1910 में लेफ्टिनेंट कर्नल फिलट ने इस किताब के महत्त्व को देखते हुए फैसला किया कि इसे पाठ्य पुस्तक बना दिया जाए। उस समय से भारत में ब्रितानी सेना में काम करने के इच्छुक लोगों के लिए यह अनिवार्य कर दिया कि वे सीताराम पांडेय की किताब पढ़कर इम्तहान पास करें। फिलट ने

इसका अनुवाद उर्दू में किया जो भारतीय सेना के समाचार पत्र 'फौजी अखबार' में धारावाहिक के रूप में प्रकाशित हुआ। इसके कुछ वर्ष बाद एक और घटना हुई, जिससे पता चलता है कि अगर 1915 में प्रयास किया गया होता तो शायद सीताराम पांडेय की मूल अवधी पांडुलिपि मिल जाती। यह बात तब की है जब एक पुराने प्रशासनिक अधिकारी सर गिरिजा शंकर वाजपेयी का आई॰सी॰एस॰ के लिए इंटरव्यू हो रहा था। इंटरव्यू बोर्ड में भाषाविद् जार्ज ग्रियर्सन भी थे जिन्होंने वाजपेयी के विवरण में यह देखने के बाद कि वह तिलोई गाँव के हैं, उनसे पूछा कि वे सीताराम पांडेय के बारे में क्या जानते हैं। जवाब में गिरिजा शंकर वाजपेयी ने कहा कि उन्होंने सीताराम पांडेय की किताब मूल अवधी में पढ़ी है क्योंकि उसकी एक प्रति सीताराम पांडेय ने उनके दादा को दी थी। वाजपेयी परिवार के सदस्यों को अब इस पांडुलिपि के बारे में कोई जानकारी नहीं है।

सीताराम पांडेय की मूल अवधी पांडुलिपि की तलाश में मैं उनके गाँव गया लेकिन वहाँ कोई कामयाबी नहीं मिली। वहाँ तो यह पता लगाना भी मुश्किल था कि सीताराम पांडेय के वंशज कौन हैं क्योंकि तिलोई के दो गाँव सिर्फ पांडेय लोगों के हैं। यह भनक मिलने पर कि संभवतः इस पांडुलिपि की एक प्रति रामपुर की रजा लाइब्रेरी में हो, मैं रामपुर पहुँचा लेकिन कामयाबी वहाँ भी नहीं मिली। वहाँ मेरी भेंट एक शोधकर्ता राबर्ट स्केलेटन से हुई जो स्वयं सीताराम पांडेय पर काम कर रहे थे। इसके बाद मैं लंदन चला गया जहाँ मैंने सीताराम पांडेय की किताब का अंग्रेजी अनुवाद एक बार फिर पढ़ा। उसी समय मुझे लगा कि मूल पांडुलिपि ढूँढ़ पाना शायद असंभव है इसलिए उस भाषा में सीताराम पांडेय की रचना का लुत्फ लेने के लिए उसे अवधी में पुनर्जीवित किया जाना चाहिए। खुद अवध क्षेत्र से होने का लाभ उठाते हुए मैंने वहीं सीताराम सूबेदार की आत्मकथा का अवधी रूपांतर शुरू कर दिया। इस बीच मुझे एक बार फिर भारत आना था और उस समय तक किताब के 12-15 पन्ने बचे थे, जिनका अनुवाद होना था। इसमें से कुछ हिस्सा मैंने कोपेनहेगन हवाई अड्डे पर अपनी अगली उड़ान का इंतजार करते हुए पूरा किया और बाकी कोपेनहेगन से दिल्ली के बीच। खाना खाकर जब सब लोग सो गए तब मैंने अपना तामझाम फैलाया। इस दौरान मेज पर रोशनी की व्यवस्था के लिए एयर होस्टेस ने मेरी सीट बदली और फिर बिना कहे हर थोड़ी-थोड़ी देर में

चाय पिलाती रही। जब तक विमान दिल्ली में उतरा 'सीताराम पांडेय' की अवधी पांडुलिपि तैयार थी।

अपनी अवधी पांडुलिपि लेकर मैं एक बार फिर सीताराम पांडेय के गाँव गया और वहाँ मैंने उसके कुछ अंश पढ़कर गाँव वालों को सुनाए। इरादा यह था कि देखा जाय कि उस क्षेत्र के लोग खुद को मेरी अवधी के कितना निकट पाते हैं और यह भी कि अगर इस कथा के अंश सुनकर किसी को भूले-भटके कुछ याद आ जाए तो शायद खोई हुई मूल पांडुलिपि के कुछ पन्ने मिल जाएँ। मूल पांडुलिपि की तलाश की दिशा में तो प्रगति नहीं हुई लेकिन इतना जरूर हुआ कि गाँव के लोगों ने इस भाषा को स्वीकृति दे दी और यह मेरे लिए कम खुशी की बात नहीं थी।

सीताराम पांडेय की पुस्तक, भारत और उससे भी ज्यादा ब्रिटेन में विवादों के घेरे में रही है। यह विवाद पुस्तक में लिखी गई बातों पर नहीं बल्कि उसके लेखक पर है। कई ब्रितानी इतिहासकारों जैसे जे॰ए॰बी॰ पामर या लॉर्ड सिडमथ का कहना है कि इस किताब से यह सिद्ध करना मुश्किल है कि उसके मूल लेखक सीताराम पांडेय ही थे। लॉर्ड सिडमथ ने तो उसकी प्रामाणिकता पर भी संदेह व्यक्त किया है और यहाँ तक कहा है कि सैन्य दस्तावेजों से इस बात का पता नहीं चलता कि सीताराम पांडेय कभी ब्रितानी फौज में थे। जेम्स नॉरगेट के 1863 में प्रकाशित पहले अनुवाद के लापता होने से भी इस तरह की शंकाएँ बढ़ी हैं। कुछ इतिहासकारों का मत है कि सीताराम पांडेय, संभव है फौज में रहे हों लेकिन इस तरह की चुस्त-दुरुस्त भाषा लिखना उन जैसे कम पढ़े-लिखे व्यक्ति के लिए मुमकिन नहीं लगता। हो सकता है कि उन्होंने टूटे-फूटे शब्दों में कुछ पन्ने लिखे हों जिन्हें जेम्स नॉरगेट ने भाषा और तरतीब दे दी हो। कई लोग तो इसे सीधे-सीधे जेम्स नॉरगेट की रचना मानते हैं।

इन बातों और तर्कों पर विश्वास करना मुश्किल लगता है। सीताराम पांडेय की किताब पढ़ने से यह बात बिल्कुल साफ हो जाती है कि यह उन्हीं की रचना है। बांबे आर्मी के एक इतिहासकार सर पैट्रिक कैडल ने वर्षों सीताराम पांडेय पर काम किया और उनका निष्कर्ष था कि यह किताब सीताराम की ही है। उस समय के गाँव-गाँव के रिश्तों और छोटी-छोटी जिन घटनाओं का उल्लेख इस पुस्तक में है, वह सिर्फ कल्पना के आधार पर लिख सकना संभव नहीं है। पैट्रिक कैडल कहते हैं कि शायद कोई

रडयार्ड किपलिंग या मारियर ही इस तरह की किताब लिख सकते थे। यह बौद्धिक क्षमता जेम्स नॉरगेट में रही हो, यह मानने का कोई आधार नहीं है। पैट्रिक कैडल के प्रयासों से यह भी पता चलता है कि सीताराम पांडेय ने घटनाओं का सही विवरण प्रस्तुत किया है और उन अधिकारियों के नाम भी सही-सही लिखे हैं जो उस समय वहाँ तैनात थे लेकिन तारीखों के बारे में उनकी याददाश्त गड्डमड्ड हो जाती है। यह बात सीताराम पांडेय ने जेम्स नॉरगेट को लिखे पत्र में खुद स्वीकार की है कि अंग्रेजी महीनों और तारीखों में उनसे कई बार घपला हो गया है। जहाँ तक ब्रितानी अधिकारियों के नामों का सवाल है, सीताराम पांडेय ने लगभग सभी के नाम बिगाड़ दिये जिन्हें अब कैडल के प्रयासों की वजह से सही-सही पहचाना जा सकता है। कैडल कहते हैं कि नामों और घटनाक्रम की इस अस्तव्यस्तता से उन्हें लगता है कि यह किताब सीताराम पांडेय ने ही लिखी है क्योंकि यह संभव नहीं लगता कि सीताराम ने फौज की नौकरी के दौरान नियमित डायरी लिखी हो।

सीताराम पांडेय की किताब उन्नीसवीं सदी के प्रारंभ से लेकर मध्य तक की स्थिति के एक प्रत्यक्षदर्शी गवाह के रूप में सामने आती है। इसमें सिर्फ ब्रितानी फौज के अभियान नहीं बल्कि ब्रितानी सोच और उस समय की सामाजिक संरचना को भी मोटे अर्थों में देखा जा सकता है। सीताराम पांडेय ने इस एकमात्र पुस्तक के अलावा अपने जीवन में कुछ और लिखा हो इसका प्रमाण नहीं मिलता लेकिन इससे इतना जरूर स्पष्ट हो जाता है कि उनमें एक प्रेक्षक की पैनी दृष्टि थी और किस्सागोई की अद्‌भुत क्षमता। इसे दुर्भाग्य ही कहा जाएगा कि सीताराम पांडेय की मूल अवधी पांडुलिपि अब उपलब्ध नहीं है लेकिन इससे यह संभावना समाप्त नहीं होती कि वह पांडुलिपि कभी किसी जगह दबी, धूल खाती मिल जाए। साहित्य की नजर से भी इस पुस्तक का महत्त्व काफी है क्योंकि इसके सहारे खड़ी बोली के पुरोधाओं के इस तर्क को चुनौती दी जा सकती है कि अवधी गद्य की भाषा नहीं है।

एक तरह से देखा जाए तो सीताराम पांडेय की किताब एक आत्मकथा है जिसकी परंपरा हिंदी खड़ी बोली में बीसवीं शताब्दी में शुरू होती है। इसे देखते हुए यह लगभग अनिवार्य सा हो जाता है कि हिंदी गद्य साहित्य के इतिहास का पुनर्मूल्यांकन किया जाए। इस किताब को फिर से उसकी मूल

भाषा अवधी में लाने का शुरू में मेरा उद्देश्य सिर्फ इतना था कि पाठकों को यह आत्मकथा लगभग उसी रूप में पढ़ने को मिल सके जिसमें उसकी रचना हुई होगी। मेरी राय में जब तक सीताराम पांडेय की मूल पांडुलिपि नहीं मिल जाती, यह पुनर्रचना कुछ हद तक उसकी कमी पूरी कर सकती है। गैर अवधी भाषी लोगों के लिए अब सूबेदार सीताराम की कहानी हिंदी में पेश कर रहा हूँ। उम्मीद है कि किताब आपको पसंद आएगी।

❐

जमादार बनाम अवध के नवाब

मेरा जन्म 1797 में अवध के तिलोई गाँव में हुआ था। बाबू गंगादीन पांडेय किसान थे। उनके पास साढ़े चार सौ बीघा जमीन थी और वे खेती किया करते थे। लड़कपन में घर में कोई तकलीफ नहीं थी और बाबू की गिनती गाँव के इज्जतदार लोगों में होती थी। जब छह साल का था तो मुझे पंडित दिलीप राम के यहाँ भेज दिया गया, तालीम के लिए। बाबू और अम्मा का दिलीप राम पर अटूट विश्वास था। उनकी सलाह के बिना वे कोई काम न करते।

पंडितजी ने मुझे भाषा पढ़ना-लिखना सिखाया और थोड़ा बहुत जोड़-घटाना भी। इतना जान लेने के बाद मैं अपनी उम्र के और लड़कों से अपने आपको बहुत आगे समझने लगा और सीना फुलाकर चलने लगा। बाकी जात के लोग तो मेरी गिनती में कभी थे ही नहीं। बल्कि कहें तो मैं अपने को गुरुजी से भी ज्यादा समझदार मानने लगा था। अगर बाबू उनकी इतनी इज्जत न करते होते तो मैं तो दिलीप राम से भी यह बात किसी दिन कह देता। सत्रह साल की उम्र तक मैंने खेती-बाड़ी में बाबू का हाथ बँटाया। मेरे जिम्मे फसल काटना, पानी चलाना और इस तरह का काम करने वाले मजदूरों को खाना खिलाना था।

अम्मा के एक भाई थे, हनुमान, जो उस समय कंपनी बहादुर की नौकरी में थे। पैदल बटालियन में जमादार। वह छह महीने की

छुट्टी में घर आए और अपने गाँव जाते हुए रास्ते में कुछ दिन हमारे घर रुके। मामा खूबसूरत गबरू जवान थे। एक दिन शाम को वह घर के बाहर चबूतरे पर बैठकर गाँव वालों को कंपनी बहादुर की अमीरी, तामझाम और उस दुनिया के किस्से सुनाने लगे जो उन्होंने देखी थी। गाँव वालों का मुँह खुला का खुला रह गया और वे मामा को ऐसे भौचक देखते रहे मानो उन्हें पूरी बात पर यकीन हो और वे हर बात गाँठ बाँधकर रख रहे हों। वैसे वहाँ जितने भी लोग थे उनमें मुझसे ज्यादा ध्यान से कोई मामा की बात नहीं सुन रहा था। वहीं से मेरे मन में आया कि मैं भी उस दुनिया को देखने जाऊँ, सिपाही बनकर।

उस दिन से मन में रात-दिन यही बात घूमती रही। लगता रहा कि जमादार की पदवी अवध के नवाब गाजीदीन हैदर के बराबर ही होती होगी। नवाब को तो मैंने कभी देखा नहीं था, इसलिए मान लिया कि मामा उनसे बड़े ओहदेदार हैं। मामा के पास सोने की खूब मोटी-सी जंजीर थी और लाल रंग का एक चमकदार कोट, जिस पर सोने के बटन लगे थे। उनके पास सोने की इतनी मोहरें थीं मानों कभी खत्म नहीं होंगी। मैं सोचने लगा कि एक दिन मेरे पास भी यह सब होगा। लगा कि एक बार कंपनी बहादुर की नौकरी मिल जाए तो यह सब हो ही जाएगा।

मामा ताड़ गए कि मैं उनकी बातें ध्यान से सुन रहा था और यह भी कि मुझे फौज की बातें बहुत अच्छी लगती हैं। उन्होंने मुझे उस तरफ खींचने की पूरी कोशिश की। अम्मा, बाबू और पंडित जी के सामने तो उन्होंने कोई बात नहीं की, लेकिन अलग से मुझसे कई बार कहा कि अगर मैं सिपाही बनना चाहूँ तो वह वापसी में मुझे साथ ले जाने को तैयार हैं। मैं यह बात अम्मा से कहना चाहता था, लेकिन कभी हिम्मत नहीं जुटा पाया क्योंकि वह चाहती थीं मैं पुजारी बन जाऊँ। एक दिन पंडितजी मुझे देवासुर युद्ध के बारे में पढ़ा रहे थे कि मेरे मुँह से बात निकल गई कि मैं भी युद्ध के मैदान में जाना चाहता हूँ। सिपाही बनना चाहता हूँ। उनका मुँह देखने लायक था। पंडितजी ने बहुत डाँटा और कहा कि जितना पढ़ाया-लिखाया वह सब बेकार चला गया। उन्होंने कहा कि मामा ने जो किस्से सुनाए हैं, उनमें से आधे झूठे हैं और फौज में कोड़ों की मार सहनी पड़ती है। कंपनी की नौकरी में धर्म अलग से भ्रष्ट होगा। उन्होंने सैकड़ों और बातें जोड़कर मुझे डराने की कोशिश की लेकिन मुझ पर कोई असर नहीं हुआ।

पंडितजी तुरंत अम्मा-बाबू के पास गए और वह सब बात बता दी जो मैं उनसे कहने की हिम्मत नहीं कर पा रहा था। मुझे हैरानी हुई कि बाबू ने कुछ नहीं कहा। लेकिन अम्मा बिगड़ गईं। वह रोईं, चिल्लाईं, मुझे डाँट लगाईं, धमकाया और समझाया कि मुझे फौज में जाने की बात भूल जानी चाहिए। उन्होंने बाबू को भी खूब उल्टा-सीधा कहा कि वह सत्यानाश रोकने के लिए कुछ नहीं कर रहे। जिस समय की बात मैं लिख रहा हूँ, उस समय बाबू के खिलाफ 400 पेड़ों के आम के एक बाग के बारे में मुकदमा चल रहा था। वह सोच रहे थे कि अगर एक लड़का कंपनी बहादुर की नौकरी में रहेगा तो लखनऊ की अदालत में मामले की सुनवाई हो जाएगी। यह बात सबको पता थी कि किसी सिपाही की अर्जी अगर उसका अफसर दस्तखत करके लखनऊ में रेजीडेंट साहब को भेज दे तो मामले की सुनवाई जल्दी हो जाती थी। उसका वजन घूस या रियासत के किसी आदमी की बात से ज्यादा हुआ करता था।

कंपनी बहादुर की नौकरी में जाने की मेरी इच्छा का पता चलने के बाद मामा अपने घर के लिए रवाना हो गए। उनका घर वहाँ से पचास मील दूर था। हालाँकि अम्मा ने मामा से नहीं कहा कि छुट्टी के बाद रेजीमेंट लौटते समय वह फिर आएँ। लेकिन मामा ने अपनी ओर से कहा कि वह वापसी में फिर आएँगे और अगर मेरा मन उस समय भी फौज में जाने का रहा तो मुझे साथ ले जाएँगे। मैं मामा के साथ कई मील तक गया और उनसे उस फौज के बारे में खोद-खोदकर पूछता रहा, जिसमें मैं भर्ती होना चाहता था। घर लौटा तो मुझे अम्मा और पंडितजी का दोहरा हमला झेलना पड़ा। उन्होंने हरचंद कोशिश की कि फौज की बात मेरे मन से निकल जाए। अम्मा तो उस दिन को कोसती रहीं जिस दिन मामा घर आए थे। उनकी बात के जवाब में मैंने इससे ज्यादा कुछ नहीं कहा कि मैं इसके बारे में सोचूँगा। मैं सोचता जरूर रहा, लेकिन जितना मैं सोचता उतना ही मन पक्का होता जाता कि मैं मामा के साथ जाऊँ। अब मैं दिन भर इधर-उधर भटकने लगा। कभी थोड़ी पहलवानी करता और कभी लकड़ी की तलवार भाँजता। इसके चक्कर में खेती-बाड़ी से ध्यान हट गया और बाबू गुस्सा हो गए। एक दिन बाबू ने कहा कि मुझे मामा से कभी नहीं मिलने दिया जाएगा। इस धमकी के बाद मेरे होश ठिकाने आ गए और फिर मैंने बाबू को शिकायत का कभी कोई मौका नहीं दिया।

कई महीने बीत गए और बरसात का मौसम खत्म हो गया। एक दिन मैं खेत में गन्ने की कटाई कर रहा था। मेरी पीठ सड़क की ओर थी। किसी ने मेरा नाम लेकर पुकारा। एक आदमी घोड़े पर बैठा था। मैंने पहचान लिया और दौड़कर मामा से गले मिला। अम्मा बाबू का हालचाल जानने के बाद मामा ने पूछा कि मैं अब भी सिपाही बनना चाहता हूँ या नहीं। मैंने बहुत जोर से 'हाँ' कहा तो मामा खुश हो गए, उन्होंने कहा कि वह मुझे साथ ले जाएँगे।

मामा कुछ दिन घर में रहे। बाबू ने उनका साथ दिया और कुछ दिनों में मामा ने अम्मा को काफी हद तक समझा लिया कि मेरी किस्मत में सिपाही होना लिखा है और अम्मा की किस्मत में बेटे से अलग होना। पंडितजी से कहा गया कि वह मेरी कुंडली और जन्मपत्री देखकर रवानगी का मुहूर्त बता दें। पंडितजी ने उसी शाम बता दिया कि मुहूर्त चार दिन बाद छह बजे सवेरे है। लेकिन इन चार दिनों में बिजली नहीं कड़कनी चाहिए। चार दिन तक मैं आसमान देखता रहा और इंद्र भगवान और बादलों से कितनी चिरौरी-विनती की इसे मैं ही जानता हूँ। दो दिन तो बीत गए लेकिन तीसरे दिन शाम को आसमान में बादल देखकर मैं घबरा गया कि कहीं पानी न बरस जाए कि मेरी किस्मत पर पानी पड़ जाए।

पुजारी दिलीप पंडितजी वाकई मुझे बहुत मानते थे। उन्होंने कई सलाह दीं और कसम दिलवाई कि मैं जनेऊ का निरादर कभी नहीं करूँगा। उन्होंने मुझे एक जंत्री भी दी जिसमें इलाहाबाद के एक हजार ब्राह्मणों की एक साथ की गई पूजा की भस्म थी। कहा कि इस जंत्री में बहुत ताकत है और जब तक यह शरीर पर रहेगी कोई नुकसान नहीं होगा। उन्होंने भजन-कीर्तन की एक किताब भी दी। बाबू ने मेरे लिए एक घोड़ी खरीदी लेकिन पैसा एक भी नहीं दिया। उन्हें लगा कि मामा साथ हैं तो देखेंगे ही। यह उनकी जिम्मेदारी है।

सवेरे आसमान बिल्कुल साफ था। दूर-दूर तक बादल दिखाई नहीं दे रहे थे। मुझे याद है, वह 10 अक्तूबर 1812 का दिन था। सवेरे छह बजे मैं मामा के साथ निकला, एक ऐसी दुनिया में जाने के लिए, जो मेरे लिए बिल्कुल अनजान थी। हम निकलने वाले थे तो अम्मा ने मुझे लिपटा लिया, चूमा और कपड़े के थैले में रखकर सोने की छह मोहरें पकड़ा दीं। अम्मा ने मान लिया था कि मुझसे अलग होना उनकी किस्मत में लिखा है और वह

बिना कुछ बोले चुपचाप खड़ी रहीं। सिसक-सिसक कर रोती रहीं। घर से चला तो मेरे पास सामान के नाम पर घोड़ी, मोहरों वाली थैली, काँसे का एक गहरा बर्तन, रस्सी-बाल्टी, तीन कटोरियाँ, लोहे का एक बर्तन और एक चम्मच, दो जोड़ी कपड़े, नई पगड़ी, छोटा गँड़ासा और एक जोड़ी जूते थे। मामा का सामान मेरी तुलना में बहुत ज्यादा था। सब एक बंडल में बँधा हुआ, जिसे एक आदमी सिर पर लादकर चल रहा था। उस आदमी को हम बचा-खुचा खाना दे देते थे। यही उसको दिन भर की मेहनत के बदले मिलता और वह इतने से ही खुश हो जाता।

❐

अंडे से निकलने वाले साहब

मामा और मैं तड़के निकलते और तब तक चलते रहते जब तक गर्मी बर्दाश्त होती। तेज गर्मी में हम किसी पेड़ के नीचे सुस्ता लेते और फिर शाम को उतनी ही दूर और चलते जितनी दूर सवेरे चले थे। रात में दोनों किसी सराय में रुक जाते। तीसरे दिन दरसंगपुर गाँव पहुँचे जहाँ मामा के रेजीमेंट के दो और सिपाही साथ हो लिए। वह भी छुट्टी पर आए थे और उनकी छुट्टियाँ भी खत्म हो गई थीं। उनमें से एक थे तिलकधारी और दूसरे देवनारायन। दोनों मामा से मिलकर बहुत खुश हुए। उन्होंने मामा से बहुत इज्जत के साथ बात की। देवनारायन के साथ उनका छोटा भाई भी था। वह भी सिपाही बनने की उम्मीद में जा रहा था। मेरी तरह, सबके पास तलवारें थीं। देवनारायन के पास एक तमंचा भी था, जिसका नाम उन्होंने 'सेर बच्चा' रखा था। कुल मिलाकर हमारा झुंड ठीक-ठाक था और लगता था कि हमें ठग और डाकुओं से कोई खतरा नहीं है। उस समय ठग और डाकू बहुत हुआ करते थे।

तीन-चार दिन बाद रास्ते में गाने-बजाने वाली एक मंडली मिली। वह हिफाजत के लिए हमारे साथ चलना चाहती थी। बजनिया मंडली में दो लोगों के पास ढोल था, चार सारंगी लिए हुए थे और दो डफली। एक आदमी के पास तुरही जैसा कोई बाजा था। बड़ी मंडली थी। कुल नौ लोग। मुझे लगा कि आगे का कुछ दिन का रास्ता अच्छा कट जाएगा। उन्होंने बताया कि वे किसी शादी में बाजा

बजाने जा रहे हैं। जिस कस्बे का नाम उन्होंने बताया, वह रास्ते में ही कहीं पड़ता था।

तीन दिन तक सब कुछ ठीक-ठाक चलता रहा। बजनिया मंडली के गाने-बजाने से बड़ा मजा रहा। लेकिन चौथी रात मामा जाग रहे थे। उन्होंने देखा कि पूरी मंडली इकट्ठा है और कुछ खुसुर-फुसर कर रही है। वह ऐसी भाषा बोल रहे थे, जिसे मामा समझ नहीं पाए। मामा चौकन्ने हो गए और तुरंत उन्होंने बाकी सिपाहियों को जगाकर कहा कि लगता है मंडली वाले बजनिया नहीं ठग हैं। एक सिपाही से जागकर मंडली पर नजर रखने को कहा गया और बाकी लोग सो गए।

अगली सुबह मामा ने बजनिया मंडली से कहा कि अब बहुत तेज चलना है और मंडली अब उनके साथ नहीं चल सकेगी। मंडली वाले बहुत रिरियाए कि साथ चलने दिया जाए नहीं तो उनके लुट जाने का खतरा है। लेकिन मामा चुप ही रहे। अगले दिन तड़के हमारा झुंड निकल पड़ा और बजनिया मंडली वहीं छोड़ दी गई। सीधी सड़क पर आठ मील चले। फिर एक पतली पगडंडी पर मुड़ गए। जो तीसेक मील जाकर फिर सड़क से मिल गई।

चार दिन तक कुछ खास नहीं हुआ। चौथी शाम जहाँ रुके वहाँ 12 लोगों की एक दूसरी मंडली मिली। यह मंडली बाँस लेकर चल रही थी। बाँस से वे हुक्के की नली बनाते थे। इस मंडली वालों ने भी कहा कि हिफाजत के लिए उन्हें साथ चलने दिया जाए। यही बात बजनिया मंडली ने भी कही थी। तड़के रोशनी हुई तो मुझे लगा कि एक आदमी की शक्ल बजनिया मंडली के आदमी से मिलती-जुलती है। यह बात फौरन मामा को बताई। मामा ने जाकर उनसे बात की। लेकिन इनकी बोली बजनिया मंडली से अलग थी। कपड़े गंदे थे और वह मजदूरों की तरह लग रहे थे। इसके बावजूद कुछ डर तो बना ही हुआ था। मामा ने एक सिपाही से उन पर नजर रखने को कह दिया।

रात को जब सोए तो बहुत देर तक यह सोच-सोचकर नींद नहीं आई कि मंडली वाले ठग हैं। जागने की बहुत कोशिश की, लेकिन थोड़ी देर बाद नींद आ गई। कुछ देर बीता कि मुर्गे की बाँग की तरह की आवाज से आँख खुल गई। देखा कि मजदूरों में से दो लोग हमारे लोगों के पास आ गए हैं। सब सो रहे थे। मैं जोर से चीखा। मामा तलवार लेकर लपके। यह सब

पलक झपकते हुआ। लेकिन तब तक ठग रस्सी से देवनारायन के भाई का गला घोंट चुके थे और तिलकधारी को बेहोश कर दिया था। मामा ने तिलकधारी के ऊपर खड़े ठग को काट डाला जिससे तिलकधारी की जान बच गई। इतनी देर में ठगों ने मामा की सोने की जंजीर चोरी कर ली, जो ढाई सौ रुपए की थी और तिलकधारी का तमंचा ले उड़े। उस समय पहरा देने की जिम्मेदारी तिलकधारी की थी, लेकिन वह सो गए थे।

इतनी मारकाट के बाद हम पास के गाँव में गए और लोगों को जगाया। लेकिन ठगों का पीछा करने को कोई तैयार नहीं हुआ। हम लोग देवनारायन के भाई की लाश उठाकर लाए और गाँव के बाहर ही बाकी की रात काटी। सवेरे ठगों का बाँस वहीं पड़ा मिला। जिसे मामा ने तम्बाकू बेचने वाले एक बनिए को 46 रुपए में बेच दिया। इस पर गाँव के मुखिया से बहुत विवाद हुआ जो कह रहा था कि बाँस उसका है, क्योंकि वह उसके खेत में पड़ा था। हमने देवनारायन के भाई का क्रियाकर्म किया और पूरे दिन उसी गाँव में रहे। देवनारायन को इस बात का संतोष था कि गंगा मैया वहाँ से कुछ ही दूर थीं। उसने चिता की राख गंगा में बहा दी ताकि भाई को स्वर्ग में जगह मिले। तिलकधारी हालाँकि ठीक थे, लेकिन बहुत कमजोर हो गए थे। उन्हें आगे की यात्रा के लिए खच्चर गाड़ी लेनी पड़ी। दुखी मन से हम लोग आगे रवाना हुए।

इसके बाद मामा ने किसी और मंडली को साथ नहीं आने दिया। वैसे हथियार देखकर बहुत से लोगों ने साथ आने के लिए चिरौरी की। जहाँ तक याद पड़ता है, इसके बाद कुछ खास बात नहीं हुई और हम आगरा पहुँच गए। वहाँ मामा की रेजीमेंट तैनात थी। हम 14 नवंबर को वहाँ पहुँचे थे। एक महीना से ज्यादा चलने के बाद जब लाइन के करीब पहुँचे तो देखा कि रेजीमेंट के कई सिपाही जमुना जी में नहाने जा रहे थे। सब मामा से गले मिले। लाइन पहुँचे तो उनकी कंपनी के कोई तीस आदमी दौड़कर मिले और हजार सवाल पूछने लगे। बाद में मामा के घर गए। मामा जब छुट्टी पर गए थे तो उनके घर में एक हवलदार रह रहा था। उसने घर को बहुत साफ-सुथरा रखा था।

नहा-धोकर नाश्ता करने के बाद मामा ने पूरी वर्दी डाटी और अजूटन साहब और कमान अफसर को सलाम करने के लिए गए। मुझे भी अपने साथ ले गए। मुझे बहुत डर लग रहा था क्योंकि इससे पहले मैंने कोई गोरा

साहब नहीं देखा था। मन में था कि साहब बड़े लंबे-चौड़े होते होंगे। कम से कम सात-सात फुट के। उस जमाने में अवध में कुछेक साहब ही होते थे। एक दो साहब लखनऊ रेजीडेंट में रहते थे। लेकिन मैं कभी लखनऊ गया नहीं था। साहब लोगों के बारे में गाँव वाले क्या-क्या नहीं कहते थे। जो एक बार किसी साहब को देख लेता, अजीब सा किस्सा सुनाता। हालत यह थी कि ऐसी कोई बात थी ही नहीं जिस पर लोग भरोसा न कर लें। कहा जाता था कि साहब लोग अंडे से निकलते हैं और अंडा पेड़ पर लगता है। यह बात तो अब भी कई गाँवों में सही मानी जाती है। कोई मेमसाहब गाँव में आ जाए तो फिर देख लो। अगर वह जवान और सुंदर हुई तो परी मान लिया जाएगा। शायद पूजा ही करने लगें। अगर वह बूढ़ी या बदसूरत हुई तो पूरा गाँव भागकर जंगल में छिप जाएगा। उसे डायन मान लिया जाएगा। अगर मैं जिंदगी में पहली बार किसी साहब को देखने के नाम पर डर रहा था तो इसमें आश्चर्य की कोई बात नहीं थी।

याद पड़ता है कि एक बार मैं ताजमहल के पास मेला देखने गया। वहाँ एक बुढ़िया मिली। वह भी मानती थी कि साहब लोग अंडे से निकलते हैं। एक दिन उसने एक साहब को देखा जिसके साथ एक परी भी थी। परी के रंगबिरंगे पंख थे और मुँह दूध की तरह सफेद था। बुढ़िया ने बताया कि साहब ने अपना हाथ परी के कंधे पर रखा हुआ था जिससे कि वह पंख फड़फड़ाकर कहीं उड़ न जाए। उसे पकड़े रहना जरूरी था। बुढ़िया ने कहा कि यह उसने अपनी आँखों से देखा है और कसम खाकर कहा कि यह बिल्कुल सही है। मैं अब इतना बेवकूफ नहीं। मैंने उसकी बात सुन ली पर मानी नहीं। लेकिन सच बता रहा हूँ कि जब पहली-पहली बार आगरा आया था, तब शायद इस पर विश्वास भी कर लेता। बाद में उसी साहब को मेमसाहब के साथ कई बार आते-जाते देखा। वह मोरपंख से बना लंबा मफलर पहनती थी। उसी को बुढ़िया ने पंख समझ लिया था।

❑

फौज में भरती

मामा मुझे लेकर अजूटन के घर गए। बड़ा अफसर था। मामा उसके किस्से कई बार सुना चुके थे। मैं डर ही रहा था। मन में तरह-तरह की बातें आतीं। अजूटन का घर बहुत बड़ा था। हमारे गाँव के मुखिया के घर से चार गुना बड़ा। वह अपने बरामदे में था। एक बड़ी सी डंडी लिए, नए भरती होने वाले जवानों को नाप रहा था। मैंने सोचा था कि वह कोई बुजुर्ग, बड़ी-बड़ी मूँछों वाला खतरनाक आदमी होगा। पर निकला उलटा। अजूटन बहुत कम उम्र का था। मेरे जितना लंबा नहीं था और उसकी मूँछ-दाढ़ी नहीं थी। उसका चेहरा बहुत चिकना था और वह मर्द की जगह औरत की तरह ज्यादा लगता था। वह पहला अंग्रेज साहब था जिसे मैंने देखा। मैं उससे कोई बहुत प्रभावित नहीं हुआ। विश्वास ही नहीं हुआ कि वह बहादुर भी होगा, क्योंकि हमारे यहाँ तो दाढ़ी-मूँछ सफाचट करवा लेना खराब और बेइज्जती की बात मानी जाती है। सही बात तो यह है कि चिकने चेहरे वाले सिपाहियों पर बड़े चुटकुले बनते हैं। देखकर वह खतरनाक नहीं लगता था। पर उसमें कुछ बात थी। नाप-जोख करते-करते कई बार गुस्से में वह जवानों के सिर दीवार से जोर से भिड़ा देता था मानों उसे किसी का कोई डर ही न हो। जवानों को ऐसे देखता था जैसे जान ले लेगा।

नाप-जोख कर लेने के बाद अजूटन साहब मामा की ओर मुड़ा। मैं भौचक रह गया जब वह हमारी भाषा में बोला। बहुत साफ

जुबान। एकाध शब्द छोड़कर। मैं बात समझ पा रहा था लेकिन चुपचाप खड़ा था। डर के मारे कि कहीं मेरा सिर दीवार से न भिड़ा दे। उसकी बात से मुझे ऐसा लगा कि वह मामा को देखकर खुश हुआ। उसने मामा का हाल चाल पूछा और उनकी तलवार को छूकर देखा। इसके बाद मामा से मेरे बारे में पूछा। मामा ने बताया कि मैं सिपाही बनने आया हूँ। उसने एक चिट्ठी लिखी और मामा से कहा कि वह मुझे डॉक्टर के यहाँ ले जाएँ। मैं यह देखकर हैरान रह गया कि वह कितनी जल्दी-जल्दी लिखता है। जितनी देर में मैं स्याही में पानी मिलाकर एक लाइन लिखता, उतनी देर में उसने दो पन्ने लिखकर मामा को दे दिए। हम डॉक्टर के घर चल पड़े।

डॉक्टर साहब का घर अजूटन साहब के घर से भी बड़ा था। मामा ने बताया कि डॉक्टर साहब की शादी हो गई है और उनके कई लड़के हैं। वह घर में ही थे। हमें अंदर बुलवाया गया। मामा के लिए कुर्सी लाई गई लेकिन मेरी ओर कोई ध्यान नहीं दिया गया। महीना भर पैदल चलने से मैं थका हुआ था। कुर्सी नहीं आई तो मैं धम्म से जमीन पर ही बैठ गया। मामा ने मुझसे फौरन खड़ा होने के लिए कहा और बाद में बताया कि साहब के सामने बैठ जाने से उनकी शान में गुस्ताखी होती है। डॉक्टर भी हमारी भाषा जानता था। लेकिन अजूटन से कम। वह थोड़ी देर मामा से बात करता रहा। घर-जवार का हाल पूछा। फिर अजूटन की चिट्ठी पढ़ने लगा।

चिट्ठी पढ़ने के बाद डॉक्टर ने मुझसे कपड़े उतारने को कहा। मैं शर्म के मारे गड़ गया और अपनी जगह से हिल भी नहीं सका। क्योंकि कमरे में एक मेम भी थी। वह मेज पर बैठी हुई थी, जिस पर सफेद चादर बिछी थी और वह दो लड़कों को अंडे खिला रही थी। 'छिः-छिः!' मुझे अफसोस हुआ कि मामा के साथ यहाँ आया। उसी समय पंडितजी की धर्म भ्रष्ट होने वाली बात याद आई। इसके बाद कपड़ा उतारने का आदेश जोर से मिला। दोनों लड़के भी चिल्लाने लगे–'पापा कहते हैं कि कपड़े उतारो, तुम्हें समझ में नहीं आता क्या, गदहे, उल्लू, सूअर'। डॉक्टर भी उनके साथ शामिल हो गए और कहा कि मैं बेवकूफ और गँवार हूँ। लड़के फिर चिल्लाने लगे, 'अरे मम्मा देखो, उसके तो पूरे शरीर पर बाल ही बाल हैं,' मैं शर्म के मारे भागकर बरामदे में चला गया तो मामा पीछे-पीछे आए और बोले इसमें डर या शर्म की कोई बात नहीं है। कोई मुझे कोई नुकसान नहीं पहुँचाएगा।

डॉक्टर मुझे एक खाली कमरे में ले गए और मेरी जाँच की। उन्होंने इतनी जोर से पेट में हाथ धँसाया कि लगा अब उल्टी हो ही जाएगी। फिर मेरी आँखें इतनी जोर से फाड़ कर देखीं कि आँसू निकल आए। सीना जोर-जोर से पीटा। इसके बाद ठोंकना-पीटना बंद कर दिया और कहा कि मैं फिट हूँ। मुझे बड़ा सुकून मिला।

इसके बाद मामा कर्नल साहब के यहाँ सलाम बजाने गए। मैं हैरान था कि मामा को इतने साहब लोग जानते हैं। उनसे कायदे से बात करते हैं। कर्नल के नाम से मेरी रूह काँप गई। मैं वहाँ जाना नहीं चाहता था पर मामा डाँट कर ले गए। कर्नल का घर डॉक्टर के घर से भी बड़ा था। वहाँ हमें एक घंटा बाहर रोक दिया गया और फिर हाजिरी का नंबर आया। मैं डर गया था कि पता नहीं क्या होगा। मेरे पैर काँप रहे थे। सोच रहा था कि कर्नल साहब बहुत खतरनाक होंगे। एक हजार लोग इनके नीचे काम करते हैं और जो वह कह देते हैं वही कानून हो जाता है। सोचो मुझे कितनी हैरानी हुई होगी, जब देखा कि वह नाटा और बूढ़ा-थुलथुल आदमी था। उसके मुँह और सिर पर बाल ही नहीं थे। सफाचट था। रंग लाल-लाल था। वह हुक्का पी रहा था और उठकर मामा से मिला। मुझसे बहुत कायदे से बात की और कहा कि मैं हर बात में मामा की तरह बनने की कोशिश करूँ।

जैसा कि मैंने पहले कहा मैं जिंदगी में पहली बार कोई साहब देख रहा था। अब मैंने एक नहीं तीन-तीन साहब देख लिए थे। मेरे मन से गोरे साहबों का डर निकल गया। काफी हद तक। क्या सोच रखा था और वे कितने अलग थे। यकीन नहीं आया कि वह उतने ही बहादुर होंगे, जितना लोग कहते हैं। वे सब कद-काठी में मुझसे छोटे थे और मामा से कमजोर लग रहे थे। यह भी समझ में नहीं आया कि साहबों का इतना रुतबा क्यों है। लोग उनसे डरते क्यों हैं?

कर्नल साहब के घर में अजीब-अजीब सी चीजें थीं। सोच ही नहीं पाया कि उनका क्या करते होंगे। कर्नल के घर के एक कोने में मेज पर शीशे के छोटे-बड़े बर्तन और गिलास रखे हुए थे और दूसरे कोने में सात-आठ बंदूकें थीं। दीवार पर बाघ, हिरण, चीतल और कई और जानवरों के सिर टँगे हुए थे। साहब ने नीले रंग का कसमसौआ (कसा हुआ सा) कोट पहन रखा था। गले तक बटन बंद था और कंधे पर सोने के गुटके

टँके हुए थे। उन्होंने सफेद पतलून और लंबे काले जूते पहन रखे थे, जिसके दोनों ओर सोने के फुंदरे लटक रहे थे। हालाँकि मैं उनकी कद-काठी से प्रभावित नहीं हुआ, लेकिन आँखों में ऐसी चमक थी जिसे कभी नहीं भुला सकता। उसकी आँखें एकदम चील की तरह थीं जो भीतर तक चीर कर देख लेती थीं। वहाँ से निकले तो मामा ने बताया कि कर्नल बहुत मशहूर शिकारी है और नौ शेर मार चुका है।

कुछ देर बाद मुझे कवायद के लिए भेज दिया गया। वह दिन हमेशा याद रहेगा। क्योंकि उसका दिमाग पर बहुत असर हुआ। पूरे मैदान में छह-छह, आठ-आठ आदमियों के कई झुंड थे। वह ऐसे हिलते-डुलते थे जैसा मैंने पहले कभी नहीं देखा था। उस पर तुर्रा यह कि उन्हें ऐसी भाषा में आदेश दिए जा रहे थे जिसका एक भी अक्षर समझ नहीं आ रहा था। अजीब चीख-पुकार मची हुई थी। मुझे हँसी आ गई लेकिन चुपचाप खड़ा तब तक खेल देखता रहा जब तक कि ड्रिल हवलदार ने आकर मेरे कान नहीं उमेठ दिए। एक ही झटके में मैं पर आ गया।

मुझे कई महीने तक कवायद करनी पड़ी। एक दिन ड्रिल का एक हिस्सा भूल गया तो ड्रिल हवलदार ने सिर पर इतनी जोर से मारा कि मैं बेहोश होकर गिर पड़ा। मैंने मामा से शिकायत की। वह हवलदार पर बहुत नाराज हुए। हवलदार ने उस दिन के बाद से कभी मारा तो नहीं लेकिन दूसरे तरीके से मुझे बहुत तंग किया और मौका निकाल-निकालकर मुझे गाली देने लगा। मैं पूरी मेहनत और लगन से सीख रहा था इसलिए यह बड़ा खराब लगता था। मामा से भी बार-बार नहीं कह सकता था। वह क्या सोचेंगे? एक बार तो तय ही कर लिया था कि वहाँ से भाग जाऊँगा। ड्रिल हवलदार ने जाकर अजूटन साहब से कहा कि मैं बहुत जिद्दी और बेवकूफ हूँ और कभी सिपाही नहीं बन सकता।

हिम्मत जुटाकर एक दिन मैंने मामा से फिर पूरी बात कही। हवलदार की शिकायत की। मैंने मामा को बताया कि मेरे साथ कैसा व्यवहार किया जाता है और यह भी कि अब मुझे उनके साथ आने पर पछतावा हो रहा है। उन्होंने बहुत समझाया और ढाढस बँधाया। एक दिन कर्नल साहब नई भरती वालों को देखने आए। मैं अपनी पूरी कवायद ठीक से कर गया। कर्नल ने अजूटन से कहा कि पूरी ड्रिल फिर से कराई जाए और फिर से इम्तिहान लिया जाए। उसके बाद अजूटन ने कर्नल को बताया कि मुझे

भर्ती किया जा सकता है। कितनी इच्छा थी कि मेरे पास भी लाल कोट हो और मेरी अपनी बंदूक हो। मैं ड्रिल में आठ महीने रहा और मुझे फौज में भर्ती होने के लायक पाया गया। हालाँकि कुल 78 लोग ट्रेनिंग ले रहे थे और कई लोग मुझसे भी पहले से आए हुए थे। लेकिन कोई और भर्ती नहीं हो सका। बहुत कम लोगों को इस तरह से भर्ती किया जाता था। यदि लड़ाई न चल रही हो तो साल-साल भर ड्रिल चलती रहती। कई बार तो रगड़ाई इससे भी लंबी हो जाती थी।

❐

घूसखोर अफसर

नौकरी में आने के ठीक आठ महीने बाद मैं मामा की दूसरे नंबर की कंपनी में सिपाही की तरह शामिल हो गया। लेकिन तकलीफ खत्म नहीं हुई। ड्रिल हवलदार ने कंपनी के गोरे सार्जेंट से पता नहीं क्या-क्या कहा कि वह मुझसे चिढ़ने लगा। बात-बात में नुक्स निकालकर सजा देने लगा। बाद में पता चला कि ड्रिल में पास होने के बाद मैंने हवलदार को बख्शीश नहीं दी। उसके व्यवहार से तंग आकर तय कर लिया था कि मैं कुछ नहीं दूँगा। ड्रिल हवलदार को 16 रुपया दिया जाता था। जिसमें से पाँच या छह रुपया उस कंपनी के सार्जेंट को जाता था, जिसमें सिपाही भर्ती होता। उस समय सिपाहियों की हर कंपनी में एक गोरा सार्जेंट होता था। उनमें से कुछ तो हमारी भाषा जानते थे और ठीक बर्ताव करते थे, लेकिन कुछ ऐसे थे जो न हमारी भाषा जानते थे और न अपनी बात समझा पाते थे। बात-बात में गाली देने लगते थे। अजूटन से कई लोगों ने शिकायतें कीं लेकिन उसने हमेशा गोरे सार्जेंट का पक्ष लिया। हमारी सुनवाई बहुत कम, या कहें कि नहीं के बराबर हुई।

शुरू-शुरू में लाल कोट पहनने में बहुत तकलीफ होती थी। कोट आगे से तो खुला था लेकिन काँख के पास बहुत तंग था। इसी तरह पगड़ी थी तो बहुत सुंदर लेकिन बहुत भारी थी और सिर में दर्द होने लगता था। कुछ दिनों में आदत पड़ गई। लेकिन आराम तभी मिलता था जब ढीले-ढाले कपड़े पहनता था। ब्रितानी वर्दी हमेशा

बहुत तंग होती थी और उसमें आदमी अकड़ जाता था। हाथ-पैर भी ठीक से नहीं हिला पाता था। मुझे जो बंदूक मिली थी वह भारी थी। उसे लादकर चलते हुए कंधे दुखने लगते थे। कमर में सामान वाली बेल्ट और पीठ पर लादने वाला थैला इतना भारी था कि उसे कोई मजदूर ही उठा सकता था।

हमारी रेजीमेंट में आठ अंग्रेज अफसर थे। कंपनी का कप्तान असली साहब था। देखकर तबीयत खुश हो जाती थी। जैसा साहब मैं सोचा करता था, ठीक वैसा। उसका नाम बर्रमपील था। वह छह फुट तीन इंच लंबा था, बहुत ताकतवर था और उसका सीना हनुमान जी की तरह चौड़ा था। वह अक्सर सिपाहियों के साथ कुश्ती लड़ता और अखाड़े में सब उसकी तारीफ करते। उसे सब दाँव आते थे और कोई सिपाही हरा नहीं पाता था। उस अफसर को हम लोग आपस में 'पहलवान' के नाम से बुलाते थे। लोगों ने अफसरों के नए-नए नाम धर रखे थे। एक तो 'राजा साहब' थे और एक, जिनकी गर्दन लंबी थी 'ऊँट साहब' थे। एक और अफसर का नाम 'डैम साहब' रख दिया था क्योंकि वह हर बार ऑर्डर देते समय 'डैम' बोला करते। कुछ अफसर बहुत कम उम्र के थे। लड़कों की तरह। जब वे ड्यूटी पर न हों तो शिकार के लिए निकल जाते। मौज-मस्ती करते।

कर्नल साहब के पास चार हाथी थे। वे अक्सर शिकार पर जाते। जिस समय की बात मैं लिख रहा हूँ, उस समय, आगरा के आसपास के जंगल में, भरतपुर की ओर, और मथुरा जाने वाली सड़क पर थोक में बाघ रहते थे। अब सब जंगल कट गए और एक भी शेर-बाघ दिखाई नहीं पड़ते। कर्नल एस्टूआट साहब जब भी जंगल जाते दो शेर से कम मारे बिना नहीं लौटते थे। इलाके में सभी लोग उन्हें जानते थे। गाँव वाले तीस-तीस मील दूर से उन्हें बताने आते कि शेर कहाँ दिखाई पड़ा। बदले में उन्हें अच्छे इनाम की उम्मीद होती। आजकल के साहब गर्मियों में कहीं नहीं जाते, लेकिन पहले वाले गर्मी सह लेते थे। हम सब से ज्यादा अच्छी तरह।

ज्यादातर अफसर हिंदुस्तानी औरतें रखते थे और इसका रेजीमेंट में बड़ा असर होता था। वे हमेशा यह दिखाने की कोशिश करतीं कि उनका बड़ा रोब और दबदबा है ताकि साहब से काम करवाने के लिए हम सब उन्हें घूस दें। कई दफा तो सिपाही खुद अफसरों से कहते कि उनकी नाते-रिश्तेदारिनों को नौकरी पर रख लें। लेकिन ऐसा कहने वाले अक्सर नीच जाति के या मुसलमान होते थे। उस जमाने में अफसर लोग हमारी

भाषा आज के मुकाबले अच्छी बोलते थे और हमसे घुलमिलकर रहते थे।

आजकल अफसरों को भाषा का इम्तिहान पास करना होता है, किताबें पढ़नी होती हैं, तो भी वह हमारी भाषा नहीं समझते। अब ऐसे साहब कम मिलते हैं जो वाकई किताब या चिट्ठी पढ़ लें। उन्हें वही भाषा आती है जो वह अपने यहाँ काम करने वाले नीच जाति के लोगों से सीख लेते हैं, वह भाषा सबके सामने बोलने लायक नहीं होती। गाली-गलौज दोहराकर कौन अपनी जुबान खराब करे। साहब लोग अक्सर रेजीमेंट में नाच करवाते और आदमी वाले खेल में शामिल होते। अगर हममें से कोई शिकार पर जाना चाहे तो वह ले जाते।

आजकल गोरे साहब लोग नाच देखने कम ही आते हैं। क्योंकि उनके पादरी साहब ने कहा है कि यह ठीक नहीं। यह साहब लोग ब्रितानी अफसरों को सिपाहियों से अलग करने के लिए कई काम करते रहे और आज भी करते हैं। जब मैं सिपाही था तो हमारी कंपनी के कप्तान कुछ सिपाहियों को घर बुलाकर दिन भर बतियाते रहते। कुछ सिपाही तो यही सोचकर वहाँ जाते रहे कि इससे उन्हें फायदा होगा। रेजीमेंट में कोई ओहदा मिल जाएगा या कि वह कर्नल साहब से तरक्की की सिफारिश कर देंगे। लेकिन ज्यादातर सिपाहियों के बारे में माना जाता था कि वह साहब को पसंद करते हैं, साहब भी उन्हें अपने बच्चों जैसा मानते थे। अब मैं बहुत बूढ़ा हो गया लेकिन बात बिल्कुल सही है। देखते ही देखते साहब लोगों का बर्ताव बहुत बदल गया। आजकल अफसर अपने मातहत से तभी बात करते हैं जब जरूरी होता है। वह दिखाते हैं कि काम बहुत है और कोशिश करते हैं कि सिपाहियों को जितनी जल्दी रफा-दफा किया जा सके, कर दिया जाए। एक साहब ने तो कहा कि उन्हें समझ में नहीं आता कि हम सबसे क्या कहना चाहिए। जब मैं सिपाही बना तब अफसरों को पता होता था कि हमसे क्या कहना है और कैसे कहना है। उनकी बात का असर होता था। अगर अफसरों के बारे में कुछ ज्यादा कह गया होऊँ तो माफी चाहता हूँ।

बगावत के बाद से शाही फौज के अफसर अलग तरह से व्यवहार करने लगे। मैं जानता हूँ कि बगावत के समय हमारे कुछ साथियों के व्यवहार के लिए किस तरह का बर्ताव होना चाहिए। लेकिन उनकी लानत-मलामत उनके अफसरों की ओर से ही होनी चाहिए, शाही फौज के

अफसरों की ओर से नहीं। जैसे यह सबको पता था कि मैं लखनऊ पर कब्जा करने वाली फौज में शामिल था, लेकिन फिर भी शाही फौज के अफसर मुझे 'डैम ब्लैक पिग' कहते रहे। और मुझे यह भी याद है कि जब मैं 13 और 41 फुट (पैदल सेना) के अफसरों के लिए काबुल में रोटी बनाता था तो वह मुझे 'डैम गुड फैलो' कहते थे। मैंने अंग्रेज अफसरों के साथ 48 साल काम किया और इसका मतलब नहीं समझूँगा ऐसा भी नहीं है। हो सकता है कि वह गुस्से में यह सब कहते हों, लेकिन यह बात भी सही है कि किस्मत से कौन लड़ सकता है।

मेरी अंग्रेज सिपाहियों से हमेशा दोस्ती रही। वह हमेशा कायदे से बर्ताव करते रहे, और करते क्यों नहीं, आखिर उनका सारा काम हम लोग ही तो कर रहे थे। गर्मी में गारद की उनकी ड्यूटी हम लोग ही करते। अपना खाना उन्हें दे देते। शराब के डिब्बों की रखवाली के लिए संतरी बनते। लेकिन आजकल के अंग्रेज सिपाही दूसरे किस्म के होते हैं। अब न तो वे उतने अच्छे होते हैं और न उतने लंबे। गोरी देह के अलावा हमसे एक अक्षर भी अच्छे नहीं हैं। वे जितनी जल्दी गाली देना सीख लेते हैं, अगर उतनी ही जल्दी ठीक से बात करना भी सीख लेते तो बड़े विद्वान हो जाते।

मैंने देखा कि हिंदुस्तान की नई रेजीमेंट के अफसर और सिपाही पुरानी रेजीमेंट के मुकाबले हिंदुस्तानियों को ज्यादा गरियाते हैं। 17 फुट वालों ने हमें हमेशा भाई कहा, और 16 लांसर वाले हमारी रसोई की तरफ कभी नहीं आए और न उसका अपमान किया। हालाँकि हम कई साल साथ काम करते रहे। मैंने एक बात सुनी थी। एक दिन एक कर्नल साहब से, जो मेरी बात थोड़ी-थोड़ी समझ लेते थे, पूछा कि क्या यह सही है कि सरकार के सब अच्छे सिपाही रूसी गोलों से मारे गए, तो उन्होंने मुझे बताया कि गोले से तो कम लोग मारे गए, हजारों लोग ठंड और बीमारी से मर गए। जैसे काबुल में मारे गए थे। तब भी सब यही समझते रहे, खासकर बगावत के दिनों में, कि सरकार के सब सिपाहियों को रूसी लोगों ने मार डाला और अब ब्रिटेन में नए लड़के भर्ती किए जा रहे हैं। इसमें कुछ बात तो सही भी होगी क्योंकि मैंने लाल कोट रेजीमेंट में केवल लड़के ही देखे।

सिपाही बनने के कुछ दिन बाद यह अफवाह शुरू हो गई कि कंपनी अमर सिंह थापा को हराकर नेपाल पर कब्जा करने वाली है। फौज मथुरा में इकट्ठा हो रही थी और अफसर फौज के साथ जाने की उम्मीद कर रहे

थे। ऑर्डर आया और हम सब दो दिन में आगरा से मथुरा पहुँच गए। वहाँ मुझे जनरल जिलसपी की फौज के साथ लगा दिया गया। जनरल लोनी अकती की फौज वहीं थी। हमने मार्च किया और पहाड़ के इलाके में देहरादून पहुँच गए। रास्ते में दुश्मन कहीं नहीं मिला। सुना कि दुश्मन नालापानी के किले में है, जो एक पहाड़ी पर था। गुरखा लोगों को हमेशा से बहादुर सिपाही माना जाता था। उनकी खुखरी से सभी डरते थे। कहा जाता था कि खुखरी छू जाए तो आदमी मर जाता है। फौज को किले पर हमले के आदेश दिए गए। किले के रास्ते में जंगल था और कई साथी तीर से घायल हो गए। दिखता भी नहीं था और जंगल में तीर आकर सन्न से लग जाता था। कई सिपाहियों ने कहा कि यह जादूगरों और राक्षसों का इलाका है और वही तीर चला रहे हैं। जब तीर ज्यादा चलने लगे तो हमने गोली चलानी शुरू की। लेकिन वहाँ जंगल में कभी पता नहीं चला कि हम लोग एक भी आदमी मार पाए या नहीं।

❒

लोनी अकती की फौज

लड़ाई के दौरान जब हम नालापानी किले के नजदीक पहुँचने लगे तो जनरल साहब ने हमले के लिए चार टुकड़ियाँ बना दीं। इन्हें अलग-अलग दिशा से आगे बढ़ना था। लेकिन रास्ता इतना खराब और चढ़ाई इतनी ज्यादा थी कि एक टुकड़ी बाकी सबसे पहले पहुँच गई। उस टुकड़ी पर इतना भारी हमला हुआ कि वापस लौटना पड़ा। कई लोग मारे गए। इससे सिपाही निराश हो गए। गोरे सिपाहियों को भागते देखकर उनकी हालत और खराब हो गई। इसके बाद जनरल जिलसपी ने एक यूरोपीय रेजीमेंट को लेकर हमला किया लेकिन कुछ बहादुरी दिखाने के बावजूद उन्हें दो-तीन दफा पीछे हटना पड़ा। वह पैदल थे और अपने साथियों का हौसला बढ़ा रहे थे कि अचानक गिर पड़े और मारे गए। इसके बाद हम पीछे हट गए।

हम करीब एक मील पीछे हटे और वहीं चार-पाँच दिन रुके रहे ताकि हालो साहब दिल्ली से बड़ी तोप लेकर आ जाएँ। किले की दीवार बहुत ऊँची नहीं थी। हमारी रेजीमेंट के कई अफसर उस पर सीढ़ी लगाकर चढ़ना चाहते थे। सीढ़ी जंगल की लकड़ी से बनाई गई थी। लेकिन जनरल मौली साहब को यह मंजूर नहीं था क्योंकि बहुत से लोग पहले ही मारे जा चुके थे। हमारे रेजीमेंट में 48 लोगों की जानें गईं। ब्रितानी रेजीमेंट की दो कंपनियाँ तबाह हो गईं। तब भी उन्होंने हिम्मत नहीं छोड़ी और बार-बार हमला किया। वह मुर्गे की

तरह लड़ रहे थे। सिपाही निराश हो गए थे। लेकिन जब तोप पहुँची तो सबका हौसला बढ़ गया। हमले में किले की दीवार कई जगह से टूट गई। उसमें दरार पड़ गई। ब्रितानी लोगों ने उसमें से घुसने की कोशिश की। सबने पूरा जोर लगाकर हमला किया, लेकिन पीछे धकेल दिए गए। किले में कोई नहीं घुस पाया। जवान तीर देखते ही घबरा जाते थे। बारूदी गोले की आवाज से भी ज्यादा। क्योंकि कम से कम वह दिखाई तो नहीं देता था। फौज में जो मुसलमान थे वह ज्यादा निराश थे और कहते रहते थे कि अल्लाह की मर्जी नहीं है।

अगले दिन सुबह किले पर चारों ओर से जबरदस्त हमला हुआ। अंदर से न कोई तीर चला और न गोला दगा और हम सब किले के भीतर चले गए। एक नगाड़ची किले की दीवार में बने छेद से अंदर गया और चिल्लाकर बताया कि अंदर कोई नहीं है। नेपाली लोग जंगल में निकल गए और हम लोगों को पता भी नहीं चला। न कोई आवाज सुनाई पड़ी। ब्रितानी सिपाही निराश, दुखी और गुस्से में थे कि दुश्मन ने उन्हें चकमा दे दिया। इस लड़ाई में मैं साफ बच गया। लेकिन कप्तान साहब के सीने में एक तीर लग गया। तीर आगे से बहुत चौड़ा था और उसको निकालना मुश्किल था। डॉक्टर का कहना था कि यदि तीर निकाला जाएगा तो कप्तान साहब की जान चली जाएगी। कप्तान को तीर के कारण बहुत तकलीफ हो रही थी। वह दर्द से छटपटा रहे थे। उन्होंने खुद ही खींचकर तीर बाहर निकाल दिया। घाव से इतना खून निकला कि करीब-करीब मर ही गए। मुझे उम्मीद नहीं थी कि कप्तान साहब कभी ठीक हो पाएँगे। कंपनी में सब उनको बहुत मानते थे और रेजीमेंट में लोग उन्हें इतना चाहते थे कि सबको बहुत अखर रहा था। लेकिन बर्रमपील साहब को इंग्लिस्तान भेज दिया गया। रेजीमेंट का एक चैंपियन चला गया।

उसी समय कमान सँभालने के लिए एक नए जनरल आए—मरतिंदल साहब। दुश्मन एक दूसरे किले, जैठक में इकट्ठा हो गया था। हमें उस पर हमले का आदेश मिला। जैठक पर ब्रितानी सिपाहियों ने शेर की तरह हमला किया और पागलों की तरह लड़े। लेकिन फिर भी कई लोग मारे गए और भारी नुकसान हुआ। उन्हें पीछे हटना पड़ा। मामा के घुटने पर पत्थर से चोट लग गई। उन्हें बहुत दर्द हो रहा था। अस्पताल के टेंट में मुझे उनकी देखभाल की अनुमति मिल गई। मुसलमान सिपाही कहने लगे कि

यह लड़ाई बदकिस्मत है और इसमें कभी कामयाबी नहीं मिलेगी। लेकिन मामा का कहना था कि किसी भी लड़ाई में मार खाने के बाद ब्रितानी सिपाही और जोर से लड़ते हैं।

अगले दिन सुना कि गोरखपुर और बेतिया की ओर से बढ़ रही फौज को नेपालियों ने मार-काट दिया है। साहब लोग बहुत परेशान दिख रहे थे। हालाँकि जनरल साहब ने कहा कि केवल कुछ कंपनियाँ खपी हैं। पूरी फौज तबाह नहीं हुई है। वह चाहे जो कह रहे हों, लेकिन ज्यादातर लोगों ने अफवाह को सही मान लिया था। एक मामा ही थे, जो जनरल साहब की बात को सच मानते थे। फौज की हालत खराब थी और वह लड़ने के काबिल नहीं रह गई थी। जितने लोग घायल थे, उससे ज्यादा लोग हरिया बुखार से मारे जा चुके थे। हरिया उस समय काफी बड़े इलाके में फैला हुआ था। आसपास के लोग मान रहे थे कि कंपनी के दिन लद गए। इसी का फायदा उठाकर कई लोगों ने सरकार पर हमला करने के लिए सिपाहियों को इकट्ठा करना शुरू कर दिया। हमारी टुकड़ी, सिपाहियों के आराम के लिए देहरादून भेज दी गई। रास्ते में दुश्मन ने हमें ज्यादा तंग नहीं किया। वह पहाड़ी लोग थे और मैदान में आने से डरते थे।

कुछ हफ्ता बाद खबर मिली कि लोनी अकती साहब ने अमर थापा को हरा दिया और शांति हो गई। हमारी फौज सहारनपुर की ओर रवाना हो गई, जहाँ एक बड़ा किला था। सरकार ने अमर थापा की बहादुरी से खुश होकर उन्हें अपने देश लौट जाने की आज्ञा दे दी। अंग्रेज बहादुर लोगों की इज्जत करते हैं और उन्हें मारते नहीं। यह बड़ी अजीब बात है। क्या बहादुर लोग सबसे खतरनाक दुश्मन नहीं होते? और फिर वही हुआ जो हम सब सोच रहे थे। अमर थापा के जाने के कुछ महीने बाद फिर लड़ाई शुरू हो गई। मैं तो साहब लोगों को कभी नहीं समझ पाया। मैंने कई दफा देखा कि दुश्मन घायल हो जाए तो साहब लोग उसकी जान बख्श देते हैं। यह भी देखा कि घायल को साहब ने नहीं मारा। लेकिन वह जैसे ही पलटे, घायल ने उन्हें गोली मारकर ढेर कर दिया। एक साहब और थे जिसने एक घायल अफगान को छोड़ दिया और उसे पानी पिलाया। लेकिन उस अफगान लड़ाके ने टुटही तलवार से वार करके जिंदगी भर के लिए उन्हें लूला-लँगड़ा बना दिया। एक कहावत है कि घायल साँप ज्यादा जोर से

काटता है। सोचने की बात यह है कि अगर दुश्मन को मारना नहीं है तो उससे लड़ने की क्या जरूरत और क्या फायदा?

रेजीमेंट को आदेश मिला कि तेज चाल से चलकर जनरल लोनी अकती की फौज में शामिल हों। एक रात, अचानक बिगुल बज उठा। अफरा-तफरी मच गई। किसी को पता नहीं चला कि क्या बात है। बाद में मालूम हुआ कि कुछ जंगली हाथी हमारे कैंप में घुस आए हैं और उन्होंने फौज का माल ढोने वाले हाथियों पर हमला कर दिया है, फौज के हाथी जंजीर तोड़कर इधर-उधर भागने लगे। एक बौराया हाथी टेंट में घुस गया और टेंट उखाड़ दिया। इस गड़बड़ी में एक गोरा सिपाही और अफसर के दो-चार नौकर कुचलकर मर गए। अंग्रेज सिपाही गोली चलाना चाहते थे, लेकिन अँधेरे में यह पता करना मुश्किल था कि कौन सा हाथी जंगली है, कौन सा कंपनी का। अफसरों को यह समझाने में बड़ी मुश्किल हो रही थी कि कोई गोली न चलाए। अगर सिपाहियों ने गोली चला दी होती, तो पता नहीं क्या होता। हो सकता है कि कुछ सिपाहियों की ही जान चली जाती। कुछ देर बाद जंगली हाथी लौट गए। कैंप में शांति हो गई। महावतों को अपने हाथी मिल गए। दो को छोड़कर। वह दोनों हाथी फिर कभी दिखाई नहीं पड़े।

उस रात मैं संतरी की ड्यूटी पर था और वह मुझे कभी नहीं भूलेगी। उतना डर मुझे जिंदगी में कभी नहीं लगा था। जान सरकी हुई थी और लग रहा था कि पता नहीं कब हाथी कुचल दे। मैं ड्यूटी पर था इसलिए भाग नहीं सकता था। वहीं डटा रहा। मामा ने कहा कि वह भी डर गए थे क्योंकि चोट के कारण वह दौड़ नहीं सकते थे। एक टेंट की रस्सी एक हाथी के पाँव में फँस गई। इससे पहले कि टेंट वाले बाहर निकल पाते, वह उखड़ गया। कई लोग टेंट में ऐसे फँसे रहे जैसे जाल में मछली और हाथी उन्हें बहुत दूर तक घसीटता हुआ ले गया। टेंट में लिपटे होने के कारण वे बच गए, लेकिन बेतरह डर गए। लोगों के चेहरों पर वैसा डर मैंने पहले कभी नहीं देखा था। अगले दिन जब पता चला कि वह अपना टेंट नए सिरे से लगा रहे हैं तो सब बहुत हँसे। मैंने उस गोरे को देखा जो मर गया था। उसका सीना धँस गया था और आँखें बाहर निकल आई थीं। वह बहुत बीभत्स लग रहा था।

हमारी टुकड़ी, बाकी फौज से चिरईघाटी में जाकर मिली, जहाँ दुश्मन

ठिकाना बनाए हुए था। हमने मकवानपुर की ओर से मार्च किया और वहीं दो लड़ाइयाँ हुईं। गोरखा बुरी तरह हारे। वहीं बिच्छुकुह गाँव पर कब्जा हो गया। गोरखा लोगों ने जब देखा कि फौज राजधानी काठमांडू से बस तीसेक किलोमीटर दूर रह गई है और वहाँ कब्जा हो जाएगा, तो उन्होंने झंडा लेकर अपना दूत भेज दिया। समझौता हो गया। लेकिन समझौते की शर्तें बहुत कड़ी थीं। कंपनी बहादुर ने गोरखा लोगों से बहुत सी जमीन ले ली। यह लड़ाई बस कुछ हफ्ते चली।

❐

राक्षसों का राज

गोरखा युद्ध के बाद हमारी रेजीमेंट को मथुरा लौटने का आर्डर मिला। हम लोग वहाँ ज्यादा दिन नहीं रहे। वहीं से लाटसाहब लार्ड हेटिंग की बड़ी फौज में शामिल होने के लिए भेज दिए गए। हम लोगों की तैनाती पिंडारियों के खिलाफ लड़ाई में होनी थी। पिंडारी लोग दक्कन और दूसरे इलाकों में घूमने वाले घुड़सवार डकैत थे, जो, बचने की राह निकल सके तो, कभी लड़ाई नहीं क़रते थे। पिंडारी लोग गाँव लूटते, साहूकारों से पैसे वसूलते, गाँव की सब सुंदर महिलाओं को उठा ले जाते और लोगों की उम्र देखे बिना हमला करके उनके हाथ-पाँव काट डालते। कोई आदमी, कोई जगह सुरक्षित नहीं थी। एक दिन एक गाँव लुटता तो दूसरे दिन अस्सी मील दूर दूसरा गाँव। कभी-कभी एक हजार घुड़सवार गाँव या कस्बा घेर लेते और दो लाख रुपए तक फिरौती की माँग करते। पैसे देने के ढंग से अगर उन्हें लगता कि लोगों को ज्यादा मुश्किल नहीं हुई तो वे मान लेते थे कि कस्बा अमीर है। वहाँ से और माल मिल सकता है।

वे अचानक कस्बे से बीस मील दूर जाकर रुकते और रात में लौटकर हर चीज लूट लेते। जितना लाद सकते, लाद ले जाते। आदमी-औरत बच्चों में से किसी ने चूँ की तो उसे मार डालते। अक्सर भारी फिरौती के चक्कर में गाँव के मुखिया या सबसे अमीर आदमी को उठा ले जाते। फिरौती में बड़ी रकम माँगते और माँग के

साथ अपने शिकार का कान, उँगली या हाथ काट कर भेज देते ताकि रिश्तेदारों की चिंता बढ़ जाए। यह धमकी साथ रहती ही थी कि रकम नहीं मिली तो शिकार का सिर कलम कर भेज दिया जाएगा।

हिंदुस्तान में उस समय पाताल लोक के राक्षसों का राज था। मैं बता नहीं सकता कि उस समय क्या हाल था। भगवान करें वे दिन कभी न आएँ। पिंडारी और उनके मुखिया, चित्तू, का नाम लेने से थरथरी काँप जाती। व्यापारी हिल जाते, औरतें रोने लगतीं। कोई सुरक्षित नहीं था। डकैतों के झुंड में कई तरह के लोग थे। इसमें अच्छे खानदान के गरीब नौजवान शामिल थे। ज्यादातर लोग दक्षिण के। पिंडारी अक्सर राजा या नवाब को लूट में से हिस्सा देते थे। भले ही वह लूट राजा के अपने गाँव या कस्बे में हुई हो। इसी वजह से जब भी डकैतों पर जोर पड़ता, उन्हें कहीं न कहीं शरण मिल जाती।

अब तक मैं खुद को पुराना और अनुभवी सिपाही समझने लगा था। आखिर मैं कई लड़ाइयों में शामिल रहा। भले ही कुछ जगह मात खाई और कुछ में फतहयाब हुए। मैंने साहब लोगों और यूरोपियन सिपाहियों के साथ काम किया। मुझे लगता है कि अंग्रेज फौज को कोई हरा नहीं पाता क्योंकि वे हारने की परवाह नहीं करतीं। मैंने एक यूरोपियन रेजीमेंट देखी, जो चार बार पछाड़ी गई, बहुत लोग मरे लेकिन जब उसने पाँचवाँ हमला किया तो वह पहले की तरह जोरदार था। हैरानी की बात यह है कि फौज अपने अफसर के मारे जाने पर हड़बड़ाती नहीं, बल्कि दूसरा अफसर फौरन आ जाता है और सब उसका आर्डर मानने लगते हैं।

हिंदुस्तानी फौज में जनरल या अफसर मारा जाए तो पूरी फौज में अफरा-तफरी मच जाती है। वे मैदान छोड़कर भाग जाते हैं, दूसरे अफसर की बात नहीं मानते। इसका असली कारण शायद यही है कि राजा और नवाब अक्सर अपने फायदे के लिए लड़ते हैं। लूट का माल अपने खजाने में भर लेते हैं। उसका इस्तेमाल अपने या पिट्ठुओं के लिए करते हैं। आम आदमी के भले के लिए नहीं। नतीजा यह कि लोग लड़ाई को लूटपाट या गद्दी हथियाने के मौके से ज्यादा कुछ नहीं समझते। एक बात यह भी है कि कुछ ही राजा अपनी फौज को नियम से पैसा देते हैं। सिपाही चाहे जितने बहादुर हों, उस फौज में अनुशासन नहीं हो सकता जो लूटपाट करके अपने आदमियों को पैसे देती हो। राजा लोग सिपाही के मरने पर उसे पेंशन नहीं

देते, परिवार की मदद नहीं करते। जिसका हाथ-पैर कट जाए, उसे कोई नहीं पूछता।

कंपनी के अफसर लड़ते हैं लेकिन लूटपाट उनका असली मकसद कभी नहीं होता। फौज के नियम इतने कड़े हैं कि ऐसा हो ही नहीं सकता। सिपाहियों को तनख्वाह टाइम पर मिलती है और उन्हें पता होता कि तनख्वाह हमेशा मिला करेगी। उन्हें यह भी मालूम होता है कि बदकिस्मती से घायल होने पर उनकी देखभाल होगी और इनाम भी मिल सकता है। लेकिन मैं यह समझ नहीं पाता कि यूरोपियन सिपाही क्यों टूट-टूट कर लड़ते हैं। हो सकता है शराब के लिए लड़ते हों। एक बोतल शराब के लिए वे ताबड़तोड़ दस लड़ाई लड़ सकते हैं। उन्हें लूटपाट में मजा आता है। लेकिन मैंने देखा है कि वे एक बोतल ब्रांडी के लिए थैला भर रुपये दे देते हैं।

मैंने सुना है कि अंग्रेज डॉक्टरों ने कोई खास चीज बनाई है जो सिपाहियों की शराब में मिला दी जाती है। इस बात का ख्याल रखते हुए कि मिलावट ज्यादा न हो। ज्यादा मिलावट से हबड़-तबड़ में उनकी जान जा सकती है। मैं जानता हूँ कि उनकी शराब में हमेशा पानी मिलाया जाता है। सिपाहियों को यह पता नहीं चलता। मैंने देखा है कि शराब कम हो जाए तो वे निराश हो जाते हैं और आधे मन से लड़ने लगते हैं। अंग्रेजी शराब पीने वाले सिख सिपाहियों का कहना है कि राशन वाली रम पीने के बाद उन्हें डर नहीं लगता। लेकिन कच्ची देसी शराब गला जला देती है और वे बहादुरी की जगह बेवकूफी वाला काम करने लगते हैं। राशन वाली शराब में जरूर अमृत जैसा कुछ होता होगा। मैंने देखा है कि घायल लोग, जो मरने-मरने को हों, रम पीकर होश में आ जाते हैं और उठ खड़े होते हैं। वह जो भी है, है बहुत शानदार चीज। मैं जानता हूँ कि अंग्रेज सिपाही शराब को पूजते हैं, उसके लिए जीते हैं और जान दे सकते हैं। मैंने डॉक्टर साहब से पूछा था। उनका कहना है कि शराब जिंदगी देने वाला और जिस्म में आग फूँक देने वाला पेय है।

मेरी रेजीमेंट को लाट साहब के हेडक्वार्टर पहुँचने का आर्डर हुआ और हम डबल मार्च करते हुए बुंदेलखंड रवाना हो गए। वहाँ बड़ी फौज थी—कम से कम एक लाख सिपाही। वहाँ मुझे बहुत टेढ़ा काम सौंपा गया। सड़क नहीं थी और हुक्म था कि आगे-पीछे मार्च करो। बीच-बीच में

पिंडारियों की खबर मिलती। आज यहाँ, कल वहाँ। आदमी भेजे जाते लेकिन किसी के हाथ कुछ न लगता। फौज कैसे चलती है, उसको यूँ समझ लीजिए जैसे शतरंज की गोटी। एक रोज अचानक दुश्मन से आमना-सामना हुआ। वे घोड़े से उतरे ही थे। हमें पता नहीं था कि वे वहाँ हैं और उन्हें खबर नहीं थी कि हम आसपास हैं। हम लोग और पास गए। कई राउंड गोली चलाई। लेकिन वे लोग कूद कर घोड़े पर बैठे और इतनी गहरी ढलान में उतर गए, जिसमें पैदल सिपाही भी जाने की हिम्मत न करे। गोलीबारी में तीस-चालीस लोग भून उठे और हम लोगों ने उनके कई घोड़े पकड़े।

हमारी कंपनी से कहा गया कि दुश्मन का पीछा करो। जिनके घोड़े छीने हैं। मैं सरपट भागा। एक जगह मेरा पैर झाल में फँसा और मैं उछलकर दूर बीहड़ में गिरा। सिर के बल। थोड़ी देर वहीं पड़ा रहा। होश आया तो देखा कि दस-बारह गज दूर एक आदमी गोला लेकर मुझ पर निशाना लगा रहा था। तुरंत बंदूक खींची, निशाना लगाया और गोली दाग दी। लेकिन गोली चली ही नहीं। जब मैं गिरा तो उसकी पिन निकल गई थी। इतने में पिंडारी पीछे आ गए। बायें कंधे पर वार किया। मैं सरक कर और नीचे चला गया। जब तक होश आया, रात हो गई थी। आँख खुली तो जोर की प्यास लगी थी। मैंने देखा कि बदन पर हर ओर खून। घाव से रिसाव तो था ही, बदन जगह-जगह काँटों से छिल गया था। हाथ और चेहरा कई जगह से कटा हुआ। मैं हिल-डुल नहीं पा रहा था। रात भर दर्द में कराहता वहीं पड़ा रहा। सुबह रेंग कर ऊपर पहुँचा पर थकावट इतनी थी कि फिर बीहड़ में गिर पड़ा।

दोबारा गिरने पर घाव से फिर खून बहने लगा। लेकिन इससे उतनी कमजोरी नहीं लगी, जितना मैंने सोचा था। घिसट-घिसटकर थोड़ी दूर चला। लगा कि अब जान निकल जाएगी। प्यास जोर की लगी थी। मैंने जिंदगी की उम्मीद छोड़ दी। तभी जानवरों के गले में बँधी घंटी की आवाज सुनाई दी। मन में नया जोश भर गया। करीब घंटा भर बाद मुझे भैंसों का एक झुंड दिखा। साथ में एक लड़का और एक लड़की। मैंने पानी माँगा। भगवान की दुहाई दी। लेकिन वे दोनों मुझे देखते ही जंगल में भाग गए। एक घंटा बाद वह लड़की दोबारा दिखाई पड़ी। उसने मुझे ध्यान से देखा। समझ गई कि मैं चल नहीं सकता। मेरे पास आई। मैंने उससे बात करने की कोशिश की। लेकिन वह 'हाँ! हाँ!' करने के अलावा कुछ नहीं बोली।

न मैं उसकी बात समझ पाया, न वह मेरी। मैंने हाथ के इशारे से उसे समझाया कि मुझे प्यास लगी है। लगा कि इस बार वह मेरी बात समझ गई। उसने हाथ से एक पेड़ की ओर इशारा किया। मैं रेंग कर वहाँ पहुँचा। एक कच्चा कुआँ था जिसमें से चरवाहे जानवरों के लिए पानी निकालते थे। लड़की ने कुएँ से पानी निकाला और मैं उसे पी गया। हालाँकि वह गरम था और दवा की तरह कड़वा। इतने से कुछ जान आ गई। मैंने उसी पानी से अपना घाव धोया।

उस लड़की से बात करने का कोई फायदा नहीं था। हम एक-दूसरे की बात नहीं समझते थे। इशारे से उसे बताया कि मैं कौन हूँ, लड़की डर कर दोबारा जंगल में भाग गई। सारा दिन मैं कुएँ के पास पड़ा रहा। शाम को चार आदमी आए। शायद उसी लड़की ने उन्हें भेजा था। वे बहुत चौकन्ना थे। थोड़ी देर की किचकिच के बाद वे मुझे अपने गाँव लाए। वहाँ पेड़ की डाल, पत्ते और सरपत की झोंपड़ियाँ थीं। आदमी अच्छे थे। लेकिन मैं उनका खाना नहीं खा सकता था। वे नीची जाति के थे–शायद लोहार। किसी तरह मैंने उनसे सड़क का रास्ता पूछा और यह भी कि सरकार की फौज किधर है। उनकी बात से लगा कि फौज दूर निकल गई है। वे मुझे सही रास्ता नहीं बता पाए। मैं वहाँ दो दिन रहा। दोनों दिन पीठ के थैले में बँधी सूखी रोटी और दूध से काम चलाया। उन लोगों ने मुझे खुद दूध निकालने की छूट दे दी थी।

❐

पिंडारियों का सफाया

तीसरे दिन एक आदमी मुझे गाँव से बाहर लाया, दो मील आकर एक पेड़ की ओर इशारा करते हुए उसने तीर चलाकर बताया कि किधर जाना है। मुझे लगा कि वह मुझसे जान बचाकर भागने को कह रहा है। वहीं मुझे एक छोटा-सा सफेद पत्थर मिला। उसे रगड़ने से चिनगारी निकलती थी। मैंने पत्थर बंदूक में लगा लिया लेकिन कमजोरी इतनी थी कि गोली नहीं चला सकता था। हथियार के बावजूद निहत्था। मैंने उसे कुछ पैसे देने की कोशिश की लेकिन उसने मना कर दिया। हाथ से पेट की ओर इशारा किया, जिसका मतलब मैंने यह समझा कि यहाँ पैसे की कोई कीमत नहीं है। बाद में मालूम हुआ कि लोग सरकारी पैसा घर में रखने से डरते हैं। पिंडारियों को पता चला तो वे गला काट देंगे। यह डर इतना बड़ा था कि जंगल के लोग ऐसा कुछ करने की हिम्मत नहीं कर सकते थे जिससे पिंडारी बिगड़ जाएँ।

वह आदमी मुझे सड़क के किनारे छोड़ कर लौट गया। मैंने बंदूक की मदद से एक डाल तोड़ी ताकि उसके सहारे चल सकूँ। सीने में बहुत दर्द था। मैं धीरे-धीरे चल पा रहा था। बीच में जोर की खाँसी आई। कफ में खून देखकर मैं डर गया। लगा कि अब नहीं बचूँगा। शाम को पेड़ के पास पहुँचा। वहाँ एक मंदिर था। एक आदमी वहीं बैठा था—साधु जैसा। वह मेरी भाषा में बोला तो खुशी का ठिकाना नहीं रहा। हालाँकि उसका कहना यह था कि मैं वहाँ से

चला जाऊँ, उसे परेशान न करूँ। मैं थोड़ी देर वहीं लेट गया। उसे अपनी बात बताई। लगा कि उसका दिल कुछ पसीजा। उसने कहा कि अगर पिंडारियों को पता चला कि मैंने सिपाही या सरकार के किसी आदमी की मदद की है तो वे हम दोनों को मार डालेंगे। बाद में उसने नीम की छाल से मरहम बनाया। घाव धोए। काफी आराम मिला। यह जानकर कि मैं ब्राह्मण हूँ, उस पर कुछ अच्छा असर हुआ। वह मेरी वर्दी और बदूंक ले जाकर जंगल में छिपा आया। मुझ पर सिंदूर और भभूत छिड़की।

जहाँ वह साधु बैठा था, वहाँ से सड़क के दोनों ओर दूर तक साफ दिखता। जैसे ही कोई नजर आता, हम छिप जाते। पाँच दिन तक कुछ जानवर और चरवाहों को छोड़कर कोई नहीं आया। मेरी तबीयत भी कुछ ठीक हुई। बंदूक के वजन से पीठ में घाव हो गया था। पका और मवाद निकल गया। तकलीफ और बढ़ गई। छठे दिन काफी दूर अचानक धूल उठती दिखी। तेजी से आगे बढ़ती हुई। जानवरों के खुर की धूल की रफ्तार से तेज। साधु ने मुझसे छिप जाने को कहा। उसने गड्ढे के ऊपर बड़ा पत्थर रख दिया, ताकि कुछ दिखाई न दे। पत्थर पर सिंदूर लगा था। दूसरी तरफ हवा आने लायक जगह थी लेकिन लग रहा था दम निकल जाएगा। मैं जानता था कि सलामती चुपचाप पड़े रहने में है। कुछ ही देर में करीब तीस घुड़सवार पहुँचे। पीने के लिए पानी माँगा। पूछा कि इस तरफ कोई अंग्रेज, सिपाही या उनका कोई आदमी तो नहीं आया? साधु के जवाब से वे संतुष्ट हो गए। घोड़े से उतरे और खाना बनाने की तैयारी करने लगे। अनाज अपने साथ लाए थे। वे साधु से बात करते रहे। बोले कि उन्हें हर ओर से घेरा जा रहा है। वे तीतर की तरह इधर-उधर भाग रहे हैं। एक दिन में वे अस्सी मील चले थे। अपने सरदार, करीम खान के यहाँ जा रहे थे, जो ग्वालियर में पनाह लेने की तैयारी में था। यह भी बताया कि उनके बहुत लोग मारे गए हैं। अब वे दो लाख से घटकर बस कुछ हजार रह गए हैं। उन्हें अपने सरदारों से शिकायत है। कह रहे थे कि चित्तू और करीम अपनी जान बचाने के लिए भाग रहे हैं।

घुड़सवारों में से दो पीछे गड्ढे की ओर आए और सो गए। मेरी साँस रुक गई। डर था कि हिले-डुले तो उन्हें भनक हो जाएगी। सूरज चढ़ा तो इतनी गर्मी हुई कि अंदर भट्ठी में बैठने जैसा लगा। महसूस हुआ कि इस बार दम निकल जाएगा। दोपहर में उन लोगों ने सवारी कसी और चले

गए। जाते समय साधु से कह गए कि उनका कोई साथी आए तो उससे 'टीकुरगढ़' कह दें। वे सब जंगल में गायब हो गए। उनके जाने के आधा घंटा बाद मैं कब्र में से जिंदा निकला। जिंदा कम ही था, लगभग मृत। जान बचाने के लिए मैंने शंकर जी का नाम लिया।

दो दिन और बीत गए। इस बार हम दोनों ने दूसरी ओर धूल उड़ती देखी। फिर भागकर छिपे। लेकिन इस बार घुड़सवार कंपनी के सिपाही थे। लाट साहब और जनरल स्मिथ के बारे में बात कर रहे थे। मुझे लगा कि अब कोई खतरा नहीं। बाहर निकल आया और टुकड़ी के रिसालदार को अपना पता ठिकाना बताया। रिसालदार मेरी बात मानने को तैयार नहीं था लेकिन तब तक साधु जंगल से मेरी बंदूक और वर्दी ले आया। उन्हें यकीन हो गया। मैंने साधु को तीन रुपए दिए, धन्यवाद दिया और सिपाहियों द्वारा दी गई घोड़ी पर बैठकर उनके साथ चल दिया। संयोग से यह घुड़सवार दस्ता हमारे कॉलम में था। तीन दिन बाद मैं मामा के पास पहुँच गया, जो मान बैठे थे कि मर गया हूँ। मामा ने मुझे चिपका लिया। मैं तेरह दिन गायब रहा लेकिन कंपनी में किसी को खबर नहीं थी। कुछ लोगों ने यहाँ तक कह दिया कि उन्होंने मेरी लाश देखी थी। उनका मानना था कि पिंडारी मुझे पकड़ ले गए।

मैं इतना थक गया था और कमजोर था कि अस्पताल में भर्ती होना पड़ा। कर्नल साहब मुझे देखने और मेरा किस्सा सुनने कई बार आए। बाकी अफसरों का बर्ताव भी अच्छा था। डॉक्टर साहब ने मेरी पीठ का गुलथा काट कर निकाल दिया। खून की उल्टी हुई। बाद में हालत सुधरने लगी। मैं अब भी इतना कमजोर था कि बंदूक नहीं उठा सकता था। यानी कि फौज के काम का नहीं था। मुझे कर्नल का अर्दली बना दिया गया। ताकि इतना ठीक हो जाऊँ कि घर भेजा जा सके। अर्दली बनकर मैं बदूंक लादने और संतरी की ड्यूटी करने से बच गया। अजूटन साहब मुझसे हमेशा चिढ़ते थे लेकिन अब उनका बर्ताव काफी ठीक था। वह मुझसे खुश थे कि घाव लगने के बाद भी मैंने अपनी बंदूक और बारूद नहीं छोड़ा। सब वापस ले आया। मेरे हिसाब से उनके बर्ताव में बदलाव इसी वजह से था। कर्नल साहब ने मेरी ओर जितनी तवज्जो दी, उसका भी असर बाकी अफसरों पर जरूर हुआ होगा।

यह बात कमाल की थी। पिंडारियों से लड़ाई के समय दुश्मन को

हमारे आने-जाने की पूरी जानकारी होती थी लेकिन हमें उनके बारे में अच्छी तरह पता न होता था। फौज चाहे जितने गुपचुप ढंग से अपनी योजना बनाती, दुश्मन को तुरंत खबर हो जाती। फौज में बहुत से जासूस थे और उन्हें सही खबर देने पर रुपए की थैली मिलती थी लेकिन सही खबर मुश्किल से ही आती। मुझे लगता है कि जासूस दुश्मन को हमारी खबर पहले दे देते थे। फौज को पिंडारी लोगों के आने के बारे में तब बताते जब वे बहुत नजदीक आ चुके हों। इसी से दुश्मन ज्यादा सतर्क रहता। उसे भागने का मौका हमेशा मिल जाता। पिंडारी लोगों के कहीं होने की खबर सुनकर फौज डबल मार्च करती वहाँ पहुँचती और गाँववालों को देखकर यह भी पता चलता कि पिंडारी वहाँ थे। सही खबर देने के लिए जासूसों की तारीफ होती। लेकिन एक बात पक्की थी—जब तक फौज पहुँचे दुश्मन नदारद हो चुके होते थे। फौज और पिंडारियों का आमना-सामना अचानक और उसी समय होता जब उनके होने की खबर जासूसों से न मिली हो या जासूसों ने कहा हो कि चालीस मील तक पिंडारियों का अता-पता नहीं है।

मैं तो यही सोचता था कि उन भेड़ियों को खत्म करने में हर आदमी खुशी-खुशी शामिल होगा। लेकिन ऐसा था नहीं। कई राजा और राजकुँवर उनकी मदद करते—कुछ चोरी-छिपे तो कुछ खुल्लमखुल्ला। मुझे इस बात पर कोई हैरानी नहीं हुई कि बुंदेलखंड में सब के सब उनके पक्ष में थे। जिसके पास घोड़ा था, समझ लो कि पिंडारी था। हालत यह थी कि अगर उनका बस चलता तो वे मरहठों से ज्यादा बड़े लुटेरे होते। सारे जनरल और कर्नल इस बात पर हैरान होते कि जिस राजा के इलाके में पिंडारी लूटपाट करते वही उन्हें शरण देता। मैं इसका कारण पहले ही बता चुका हूँ।

सिपाहियों का जत्था सारी-सारी रात चलता लेकिन उन्हें यह पता नहीं होता था कि जाना किस दिशा में है। फिर गैड से कहा जाता कि फलां-फलां की जगह का रास्ता बताओ। गैड लोगों पर चील जैसी नजर रखनी पड़ती थी। जरा चूके तो वे जंगली जानवरों की तरह फुर्र से जंगल में गायब हो जाते। एक दफा अपने को जरूरत से ज्यादा समझदार मानने वाले एक साहब ने गैड को रस्सी से बाँधकर आगे चलने को कहा। गैड ऐसे लोगों को या तो गलत रास्ते ले जाते या बहाना करते कि उन्हें बात समझ में नहीं आ रही। गैड को गोली मार देने का भी कोई फायदा नहीं था। वे पिंडारियों के साथी थे और सरकार से नफरत करते थे। मैंने सुना था कि अगर किसी

ने सरकार को खबर की और मदद की तो पिंडारी उसको बहुत कड़ी सजा देते हैं। इस डर से कोई फौज की मदद नहीं करता। पिंडारी लोगों के सजा देने के तरीके भिन्न थे। भाला गरम करके आँख में डाल देना, नाक, कान, होंठ काट लेना या अंग भंग कर देना। सिपाही उनसे चिढ़ते थे और सरकारी नौकर होने की वजह से वे पिंडारियों के निशाने पर हमेशा रहते थे।

उस समय पिंडारियों की किस्मत कुछ चमकी थी। मैंने सुना कि मरहठा सरदार उनकी मदद को तैयार हैं। लेकिन कंपनी का सितारा कम बुलंद नहीं था। उज्जैन के पास सिपरा नदी के किनारे मरहठों की हार हुई। हम लोग जहाँ थे, वहाँ से बहुत दूर। यह खबर आग की तरह पूरे बुंदेलखंड में फैल गई और पिंडारी लोग छोटे-छोटे झुंड बनाकर देहात की ओर भागे। कई पिंडारी रामपुरा के पास महाराज सिंधिया के इलाके में घुसना चाह रहे थे। पकड़े गए और काट डाले गए। इसी बीच कई पुराने साथी पिंडारियों को छोड़कर अलग हो गए। पिंडारियों ने देखा कि हर जगह सरकार की जीत हो रही है और उन्हें पहले की तरह खबर नहीं मिल पा रही है तो उनकी हालत डर के मारे उस हिरन जैसी हो गई, जिसके पीछे चीता पड़ा हो। करीम खान हार गया और अंत में एक जनरल के सामने हथियार डाल दिए। पिंडारियों का दूसरा सरदार, चित्तू, जान बचाकर जंगल की ओर भागा। बाद में खबर आई कि वह साँप के काटने से मर गया। पिंडारियों की कमर टूट गई। कंपनी की तूती बोलने लगी। फौज की टुकड़ियाँ अलग-अलग हो गईं और हमारी बटालियन को अजमेर भेज दिया गया। जहाँ तक मेरी बात थी, मुझे आगरा जाने वाली रेजीमेंट के साथ नत्थी कर दिया गया क्योंकि बीमारी के कारण मुझे घर जाने के लिए छह महीने की छुट्टी मिल गई थी।

❑

अहनपुरा पर हमला

पिंडारियों के खिलाफ अभियान में हमारी रेजीमेंट के बीस लोगों की जान गई लेकिन हैजा और बुखार से एक सौ अस्सी लोग मर गए। सौ लोगों की हालत इतनी खराब थी कि वे गाँव लौटने लायक ही बचे। कुछ लोग कहते कि रेजीमेंट के पीछे चलने वालों में सात सौ लोग हैजे से मर गए। उस इलाके में हैजे का इलाज नहीं था। डॉक्टरों ने यह बीमारी पहले नहीं देखी थी और वे इसका इलाज नहीं कर पाए।

मुझे जिस रेजीमेंट के साथ नत्थी किया गया था, मैं उसके साथ सही सलामत आगरा पहुँच गया। ग्यारह रुपए में एक घोड़ी खरीदी। चार-पाँच और सिपाहियों के साथ, जिनकी छुट्टी मंजूर हुई थी, गाँव के लिए रवाना हो गया। कई दिन चलने के बाद एक रोज तड़के सूरज निकलने से पहले गाँव पहुँच गया और उजाला होने तक बाहर ही रुका रहा। अम्मा पानी लेने निकलीं तो मैंने उन्हें आवाज दी लेकिन उन्होंने मुझे पहचाना ही नहीं। मैं चार साल गाँव से बाहर था और इस बीच दाढ़ी-मूँछ आ गई थी। मैं अपने को बहुत खूबसूरत सिपाही समझता था। जब मैं अम्मा से बोला तो वे इतना चौंकीं और घबरा गईं कि मैं भी डर गया। बाद में बाबू ने बताया कि मामा ने घर चिट्ठी लिखी थी कि मैं लड़ाई में मारा गया। इसलिए अम्मा मुझे भूत समझ रही थीं। थोड़ी देर में बाबू घर से निकले तो मुझे यह देखकर बहुत खुशी हुई कि सब ठीक-ठाक है। कोई मरा-मराया

नहीं। गाँव में सब चार साल पहले जैसा ही था। मुझे कई महीने बाद पहली बार आराम मिला। बीमारी दूर हो गई और मैं जल्दी ठीक हो गया। गाँव में मेरी यह इच्छा भी पूरी हो गई कि मैं मामा की तरह चबूतरे पर बैठकर गाँववालों को किस्सा सुनाऊँ और गप मारूँ। अब तक मैं गाँव में बड़ा और मातबर आदमी माने जाने लगा था। पंडित जी तब तक जिंदा थे। खुशी-खुशी मिले। बोले कि यह सब उसी जंत्री का कमाल है, जो उन्होंने मुझे घर से जाते समय दी थी।

जब मैं फौज में था तभी अम्मा ने एक किसान की लड़की के साथ मेरी शादी की बात पक्की कर दी। आपको मालूम है कि हमारे यहाँ शादी की बात माँ-बाप करते हैं और हम लोग शादी होने तक अपनी पत्नी का चेहरा भी नहीं देखते। मैं फौज में रहते समय शादी नहीं करना चाहता था लेकिन यह सब किस्मत का खेल है। इसमें हम क्या कर सकते हैं। पंडितजी ने मुहूर्त निकाला, छह महीना बाद का। इस बीच मैंने कई बार अपनी होनेवाली पत्नी की शक्ल देखने की कोशिश की। कई बार उसकी नाईन से पूछा। मुझे सिर्फ इतना बताया गया कि उसकी गर्दन फाख्ते जैसी है, आँखें हिरनी की तरह, पैर कमल के पत्तों जैसे और यह कि उसके दिल में मेरे लिए बहुत प्यार है। मुझे इतने से संतोष करना पड़ा। एक बार मैंने उसको बैलगाड़ी पर चढ़ते देखा लेकिन वह बहुत दूर थी और मैं उसका चेहरा नहीं देख पाया। अम्मा और पंडितजी ने बताया कि दहेज में हमें इतना मिलेगा कि जिंदगी आसानी से कट जाएगी। इसलिए अब मुझे फौज में रहने की जरूरत नहीं। एक बार तो वह हमें करीब-करीब समझा ले गईं कि मैं मामा को लिखकर फौज से छुट्टी कर लूँ। लेकिन दूसरी तरफ बाबू थे। उनका शादी पर बहुत जोर नहीं था। उन्हें लग रहा था कि पंडितजी बहुत दक्षिणा माँग रहे हैं। वह नहीं चाहते थे कि मैं नौकरी छोड़ूँ क्योंकि तब तक आम के बाग वाला उनका मुकदमा नहीं सुलझा था। उन्होंने कहा कि अगर मैं सुनवाई के वक्त अदालत जाऊँ तो सरकार की नौकरी में होने का परिवार को फायदा मिल जाएगा।

मैं चार साल पहले की तरह फिर बाबू के साथ खेत में काम करने लगा। घाव जल्दी भर गए लेकिन बरसात में तकलीफ होती। एक रोज शाम को मैं अपने घायल होने का किस्सा सुना रहा था। उसी में जंगल में भैंस चराने वाली लड़की का जिक्र आया, जिसने पानी पिलाकर मेरी जान बचाई

थी। पुजारी जी मेरी बात सुन रहे थे। बोले कि मैंने जैसा बताया, लगता है वह लड़की बहुत नीची जाति की थी और उसका निकाला पानी पीने से मेरा धर्म भ्रष्ट हो गया। मैंने बहुत समझाया कि बर्तन मेरा था लेकिन वह जोर-जोर से बोलने लगे और बहुत सी उल्टी-सीधी बातें कहीं। देखते-देखते बात पूरे गाँव में फैल गई। हर आदमी मुझसे कटकर रहने लगा। कोई साथ हुक्का पीने को तैयार नहीं। मैं पुजारी पंडित दिलीपराम के पास गया। उन्होंने भी बात सुनने के बाद कहा कि मेरा धर्म भ्रष्ट हो गया और मैं जात से गिर गया। वह मेरी बात सुनने को तैयार नहीं थे। मुझपर अपने ही घर में घुसने पर पाबंदी लगा दी गई। मैं दुःखी हो गया। बाबू ने बहुत जोर लगाकर पंचायत बुलाई और कहा कि फैसला पंचों को करना चाहिए। बाद में पंडित जी लोगों ने पूजा-पाठ किया, कई दिन उपवास कराया और तब जाकर मुझे शुद्ध माना गया। ब्राह्मणों को भोज-भात कराने और दक्षिणा देने में मेरे सारे पैसे खत्म हो गए, जो मैंने चार साल में कमाए थे। पर किस्मत से कौन लड़ सकता है?

शादी का दिन करीब आ गया। अम्मा ने उस लड़की की माँ के साथ जाकर पंडितजी से मुहूर्त पूछा और गाना-बजाना शुरू हो गया। मुझे हर काम से अलग रखा गया। शादी के बाद पहली रात को मुँह-दिखाई की रस्म हुई। लड़की के बारे में नाईन ने जो भी कहा था, सब गलत निकला। चंद्रमा को चेचक हो जाए तो वह सुंदर कैसे हो सकता है? पत्नी को दहेज में जमीन मिली थी। लेकिन वह उसी के नाम थी। मेरी छुट्टी जल्दी खत्म हो गई और मैंने पत्नी को अम्मा के पास छोड़कर रेजीमेंट लौटने का फैसला कर लिया।

मैं राजपूताना में अजमेर के लिए रवाना हुआ, जहाँ मेरी रेजीमेंट थी। छुट्टी पर आने के समय उसे वहीं जाने का आर्डर हुआ था। गाँव से मैंने मामा को दो चिट्ठियाँ लिखीं। लेकिन मामा को मिली एक भी नहीं। उस जमाने में चिट्ठी मिलना आसान नहीं था। कोई उस तरफ जा रहा हो, तो लोग उसे चिट्ठी पकड़ा देते। सरकारी डाक का इस्तेमाल न करते। कुछ दिन में मैं आगरा पहुँच गया। अजूटन-जरनैल साहब से रेजीमेंट की खोज खबर पूछी। वह कुछ खास नहीं बता पाए, सिवाय इसके कि रेजीमेंट शायद नागपुर की तरफ गई है। मुझे दो महीने की तनख्वाह पेशगी मिली और मैं जयपुर होते हुए वहाँ के लिए रवाना हो गया। जयपुर पहुँचने तक रास्ते में

कोई हादसा नहीं हुआ। मैंने जितने शहर देखे थे, जयपुर से ज्यादा साफ-सुथरा कोई नहीं था। सड़कें चौड़ी और जगह बहुत सुंदर। हर तरफ मोर घूमते हैं। पालतू जानवर हैं। हिरन लोगों के पास तक चले आते हैं। रंग-बिरंगे कबूतर हैं। सड़क के दोनों ओर पानी की नहर। बड़ी-बड़ी दूकानें और हर तरफ सुंदर बाग-बगीचे। पेड़ों पर लताएँ चढ़ी हुईं। फूलों की क्यारियाँ, मधुमक्खियाँ उन पर मँडराती हुईं। आम के पेड़ों पर कोयल गाती है और नीचे मोर टहलते हैं।

एक पुजारी ने बताया कि यह शहर महाराजा जयसिंह ने बनवाया। इसका नक्शा एक फ्रांसीसी साहब ने तैयार किया था। मैं राजा के बाग में गया और वहाँ एक जानवर देखकर दंग रह गया। उसका सिर नील गाय की तरह, खुर घोड़े जैसा और गर्दन चार गज लंबी। चमड़ी पर चीते की तरह चकत्ता लेकिन वह मांस नहीं खाता था। पेड़ से पत्ते तोड़ कर खाता। उसकी जीभ एक गज लंबी थी। उसी से पत्ते तोड़ता। मैंने माली से पूछा तो उसने बताया कि वह जानवर आठ हजार मील दूर अफ्रीका के रेगिस्तान से आया है। बहुत सीधा-सादा है। मुझे उसका नाम नहीं मालूम। लेकिन था वह गजब का जानवर। बड़की अम्मा ने कभी ऐसे किसी जानवर का किस्सा नहीं सुनाया था। जयपुर बहुत अजीब शहर था। एक से एक अजीबो-गरीब चीजें। एक चिड़िया, जो तीतर से कम-से-कम सौ गुना और कड़ाकुल से दस गुना बड़ी। हवा की तरह भागती लेकिन उड़ नहीं पाती। हालाँकि उसके पंख थे। माली ने बताया कि यह भी अफ्रीका से आई है, जहाँ आदमी घोड़े की जगह इसकी सवारी करते हैं। उसने बताया कि यह चिड़िया पत्थर खाती है। मैं शहर की एक-एक चीज से दंग था। यह सारे जानवर सूरत के नवाब नसीरुद्दीन ने राजा को दिए थे। नवाब का पूरी दुनिया में व्यापार था और उनके बड़े-बड़े जहाज चलते थे।

मैं अजमेर रवाना होने से पहले वहाँ कई दिन रहा। अजमेर का रास्ता अभी दो दिन का और था लेकिन दूर से ही तारागढ़ के ऊँचे-ऊँचे पहाड़ दिखाई पड़ने लगे। पहुँचकर पता चला कि मेरी रेजीमेंट वहाँ से निकल गई। मैं एक घुड़सवार दस्ते के साथ नागपुर के लिए चल पड़ा। पंद्रह दिन बाद मुझे अपनी रेजीमेंट अंभूरा में मिली। मामा एकदम ठीकठाक थे हालाँकि दाहिने हाथ में गोली लगने से एक बार फिर घायल हो गए थे। मुझे यह जानकर बहुत खुशी हुई कि हमारे कप्तान साहब लौट आए हैं। वह काफी

कमजोर हो गए थे और कुश्ती नहीं लड़ सकते थे। वैसे उनकी बहादुरी में कोई कमी नहीं आई थी और साथ काम करने वाले उन्हें पहले की तरह पूजते थे। मैंने बर्रमपील जैसे केवल दो साहब देखे जो पक्के अंग्रेज थे। विलायती पहाड़ के साहबों जैसे नहीं।

अब मैं फौज में कोई भी काम करने के लिए एकदम स्वस्थ था। पुराना घाव बरसात का मौसम छोड़कर तकलीफ नहीं देता था। कुछ दिन बाद हमें अहनपुरा गाँव पर चढ़ाई करने का आर्डर हुआ, जहाँ अप्पा साहब के अरब सिपाही तैनात थे। कहा जाता था कि वे दुनिया के सबसे बहादुर सिपाही हैं और विलायती फौज का मुकाबला कर सकते हैं। सिपाही इसके बावजूद हिचकिचाए नहीं। गोरे और हिंदुस्तानी सिपाहियों ने हमला कर दिया। अरब लोग जमकर लड़े। हमारी रेजीमेंट के कई सिपाही मारे गए। खाली मेरी कंपनी में ग्यारह लोग घायल हुए या मर गए। हम लोग जैसे ही एक घर पर कब्जा करते, दुश्मन दूसरे घर में ठिकाना बना लेता। वे मैदान छोड़कर नहीं भागे बल्कि मर्द की तरह लड़े। पक्के निशानेबाज थे। हर लड़ाई में हमें भारी नुकसान हुआ। उन्हें बस कुछेक घरों से निकालना था लेकिन यह काम आसान नहीं था।

❒

प्रेम की आग

हम लोगों ने दुश्मन को अहनपुरा से खदेड़ने की बहुत कोशिश की लेकिन काफी देर तक कोई कामयाबी नहीं मिली। अंत में कुछ बचे-खुचे दुश्मन बीहड़ के रास्ते भाग गए। वे सब मरहठा थे। गाँव की गली में भागते-भागते मैं एक घर में घुस गया। सोचा कि वह खाली होगा। घर में एक अरब लड़ाकू था, जो एक लड़की को मारने की कोशिश कर रहा था। लड़की उसके घुटने पर झुकी गिड़गिड़ा रही थी, जानबख्शी के लिए, लड़ाकू मुझे देखते ही शेर की तरह लपका और चिल्लाते हुए मेरी बंदूक के कुंदे पर झपट्टा मारा। मैं भौचक रह गया। मैंने भी गोली चलाई। उसकी छाती में लगी लेकिन गिरते-गिरते उसने मेरा हाथ काटने की कोशिश की। अरब लड़ाकू लोमड़ी की तरह रहते हैं और गाजियों की तरह लड़ते हैं।

वह लड़की अब मेरे पैर पर गिर पड़ी। पैर पकड़ लिए। वह बहुत सुंदर थी—उतनी सुंदर, जितना मेरी पत्नी की नौकरानी ने उसके बारे में नाईन को बताया था। मैंने उससे नाम-पता पूछा। जानना चाहा कि उसके नाते-रिश्तेदार कहाँ हैं। उसने बताया कि वह बुंदेलखंड के ठाकुर मोकम सिंह की बेटी है। पिंडारी लोग उसे उठा लाए थे और अरब लड़ाकू को बेच दिया, जो उसे रखैल बनाने वाला था। लड़की के पिता और कई संबंधी जायदाद बचाने के चक्कर में मारे गए। उसने यह भी कहा कि खानदान में बचे लोग अब उसे घर में नहीं

रखेंगे क्योंकि उसकी इज्जत लुट गई। बोली, 'मेरे लिए अब आप ही मालिक और भगवान हैं।'

गाँव में आग लगा दी गई थी और उससे गाढ़ा धुआँ निकल रहा था। मैंने अरब लड़ाके की पगड़ी उतारकर जल्दी से अपने हाथ पर बाँधी। उसे मारने के प्रमाण के तौर पर तलवार ले ली और फिर उस छोटी-सी हिरनी को लेकर गाँव में उस तरफ से बचते-बचाते निकला, जिधर आग नहीं लगी थी। आकर कंपनी से मिल गया। अब मैं यह नहीं समझ पा रहा था कि लड़की का क्या करूँ? मैं जानता था कि कंपनी में लड़की को साथ रखने की आज्ञा नहीं मिलेगी। मैंने मामा को बताया। उन्होंने सलाह दी कि मैं लड़की को छोड़ दूँ क्योंकि लड़ाई के दिनों में एक औरत का बोझ सिर पर लाद कर नहीं चलना चाहिए। लड़ाई के बाद फौज ने कई मील दूर अहनपुरा के पीछे कैंप लगाया। मैं लड़की को उस गाँव में जलने के लिए नहीं छोड़ सकता था। कप्तान के पास गया। उन्हें पूरी बात बताई। कप्तान ने मेरी बहुत तारीफ की। आर्डर दिया कि वह लड़की फौज के पीछे चलने वाले बाजार के चौधरी की निगरानी में रख दी जाए।

मैंने अपनी घोड़ी उसे दे दी। वह घोड़ी पर बैठ कर चलती रही, बाजार चौधरी की निगरानी में। मैं उसको रोज देखता। मेरे दिल में प्रेम की आग लग गई। एक तो वह बहुत सुंदर थी और दूसरे मुझे मालिक कहकर बुलाती थी। अब मैं बूढ़ा हो गया हूँ लेकिन उस जैसी औरत मैंने न तो उससे पहले देखी, न बाद में। दिल्ली में भी नहीं। एक हफ्ते तक किसी ने मेरी या उस लड़की की ओर ध्यान नहीं दिया लेकिन एक दिन अजूटन साहब ने कहा कि लड़की कंपनी के साथ नहीं रह सकती। फौज में औरतों को रखने की परमिशन नहीं है। मैं बहुत दुःखी हो गया। लगा कि दिल में सैकड़ों तीर घुस गए हैं। मैंने बहुत दलील दी। कहा कि बाजार चौधरी के पास उसके रहने से कोई दिक्कत नहीं होगी। सरकार पर बोझ नहीं पड़ेगा। अजूटन साहब ने एक न सुनी। मुझे सौ रुपये देने की कोशिश की और उसे बढ़ाते-बढ़ाते चार सौ रुपये तक ले गए कि मैं उस लड़की को छोड़ दूँ। मैं उससे अलग होने को तैयार नहीं था हालाँकि बिछोह साफ दिख रहा था। मामा ने बहुत जोर देकर कहा कि मुझे उस लड़की से पिंड छुड़ा लेना चाहिए। उसके रहने पर बदनामी होगी। पहली बार इस बात पर मामा से मेरा झगड़ा हो गया। पंडित दिलीपराम की बात कितनी सही थी। उन्होंने कहा था, 'काबिल

मछुआरे के जाल में जितनी मछलियाँ फँसती हैं, उससे ज्यादा आदमी औरत के जाल में फँस जाते हैं। उनकी आँख के तीर भीलों के जहर बुझे तीर से ज्यादा घाव करते हैं।'

अगर मैं कंटूमेंट में रहा होता तो किसी को कुछ न पता चलता। लड़की के साथ रहने के बारे में कोई न सोचता। कई सिपाहियों के साथ औरतें रहती थीं और साहब लोग इसकी मनाही नहीं करते थे। उनकी गिनती रिश्तेदारों में करा दी जाती थी। बर्रमपील साहब ने वह लड़की हमसे माँगी होती तो बात और होती लेकिन उन्होंने कभी कुछ नहीं कहा। उन्होंने मेरी तारीफ की। लेकर कर्नल साहब के पास गए। कहा कि मैंने एक अरब लड़ाके को मारा है। मैंने लड़ाके की तलवार कर्नल को दे दी, जिन्होंने उसे खुशी के साथ रख लिया। बोले कि मुझे जल्दी तरक्की मिलेगी और तुरंत लांस नायक बनाने का आर्डर दे दिया। इससे मेरी तनख्वाह तो नहीं बढ़ी लेकिन अब चार लोग मेरे मातहत हो गए। एक फीता लग गया। मैं अपने को बड़ा समझने लगा।

हमारी रेजीमेंट एक किले से दूसरे पहाड़ी किले तक मार्च करती रही। कभी-कभी रेजीमेंट के साथ तोपखाना और यूरोपीय सिपाही होते। एकाध बार हमें पीछे धकेल दिया गया। एक मुठभेड़ में दो अफसर मारे गए और चार घायल हो गए। घायल होने वालों में अजूटन साहब भी थे, जिनके दाहिने कंधे पर तलवार का बड़ा घाव लगा। अप्पा साहब की नौकरी में तैनात अरब लड़ाकुओं की, उनकी बहादुरी के कारण, बहुत इज्जत थी और उन्हें हम सिपाहियों से दोगुना तनख्वाह मिलती थी। वे अपने मन से लड़ रहे थे। अप्पा साहब ने उन्हें रुकने का आर्डर किया पर वे नहीं माने। मुश्किल यह थी कि कोई साहब उनकी भाषा नहीं बोल पाता था। हमें लगा कि अरब लड़ाके हथियार डाल देने का सरकार का हुक्म समझ ही नहीं पाए.। सरकार की शर्त थी कि लड़ाके हथियार डाल दें और हिंदुस्तान से चले जाएँ लेकिन इस पर तामील नहीं हुई। लड़ाके आर्डर समझे या नहीं समझे लेकिन माने कभी नहीं। अंत तक लड़े। न कोई रियायत माँगी, न दी। उन्होंने सफेद झंडा लेकर सरेंडर करने से इनकार कर दिया और मेजर एसपाक के कमान वाली दसवीं फौज की दूसरी बटालियन की तीन कंपनियाँ लगभग पूरी तरह तबाह कर दीं। इसका बदला ब्रिगेडियर जनरल अडम्स साहब ने बाद में लिया। उन्होंने अरब और गोंड लोगों की एक पार्टी

को काट डाला, जिसका सरदार चिनसब था। इसके बाद लड़ाके कई और मुठभेड़ों में हारे। बाद में उन्होंने समझौता कर लिया। यह समझौता ज्यादा दिन नहीं चला और टूट गया।

सरकार की फौज अब बहुत बड़ी हो गई थी और उसमें कई तोपखाने थे। हासर के किले का सरेंडर करने के आर्डर हुए लेकिन उसके हाकिम जसवंत राव बात मानने को तैयार नहीं थे और लड़ना चाहते थे। वह बहुत बहादुर थे। एक अंग्रेज अफसर उन्हें समझाने के लिए किले के दरवाजे तक गया। कहा कि महाराज सिंधिया अंग्रेजों के दोस्त हैं और वही इस किले के मालिक हैं। लेकिन इस बात का जसवंत राव पर कोई असर नहीं हुआ। अपने किले की मजबूती और अरब लड़ाकों की बहादुरी पर जसवंत राव को इतना भरोसा था कि उन्होंने उस अफसर की बेइज्जती की और उस पर गोली चला दी। अपने एक अफसर के साथ ऐसा व्यवहार देखकर ब्रितानी सिपाही गुस्से में उबल पड़े। किले पर चढ़ाई के लिए तैयार हो गए। किला बहुत मजबूत था। दीवार चौड़ी। करीब एक हजार फुट ऊँची पहाड़ी पर। अंदर घुसने के हर रास्ते पर तोप। कई सिपाही मानते थे कि घेराबंदी लंबी चलेगी लेकिन मामा ने बताया कि कंपनी एक बार पहले उस किले पर कब्जा कर चुकी है। इस बार उसकी फौज मजबूत है और बड़ी तोप भी है इसलिए कब्जा आसानी से हो जाएगा।

अब तक किस्मत ने मेरा साथ दिया था लेकिन इस बार किलेबंदी देखकर मैं डर गया। पेट में मरोड़ उठने लगी। फौज के तोपखाने ने भारी हमला किया और दुश्मन ने भी कई बार हल्ला बोला। तोप के गोलों से दुश्मन के खेमे में जबर्दस्त तबाही हुई। किलेबंदी टूटने लगी। गोले लगातार गिर रहे थे जैसे बिजली कड़कती हो। एक कर्नल फ्रासन साहब थे। आगे बढ़कर कस्बे में घुस गए और कुछ दुकानों पर कब्जा कर लिया। दो-तीन दिन बाद दुश्मन को पीछे धकेलने के चक्कर में मारे गए। अगले दिन सवेरे दुश्मन किला छोड़कर भाग गया और हमारी रेजीमेंट को उस पर कब्जे का आर्डर हुआ। हम सब लपके लेकिन तभी दुश्मन ने जमीन में गाड़ कर रखा बारूद उड़ा दिया। एकदम वहीं, जहाँ हम लोग थे। मैं हवा में उड़ गया और बेहोश हो गया। बहुत देर तक न कुछ दिखाई पड़ा, न सुन पाया। होश आया तो देखा कि दो यूरोपीय तोपची पैर पकड़कर मुझे मलबे से खींच रहे थे। उसमें से एक ने मेरे मुँह में जबर्दस्ती रम डाल दी। वे हमें एक साहब

के पास ले गए और फिर यह मानकर कि मैं मरने ही वाला हूँ, मुझे अस्पताल भेज दिया गया। मेरा पैर नहीं टूटा था लेकिन बायाँ हाथ झूल गया था। सिर पर पत्थर या लकड़ी से चार जगह छेद हो गया था। मुझे लगा कि इसे घाव मान सकते हैं क्योंकि इसका मतलब होता कि सरकार की नौकरी में मुझे छह बार घाव लगा।

मुझे नहीं मालूम की टेंट में मैं कितने दिन पड़ा रहा। वहीं पड़े-पड़े तोप के गोलों की आवाज सुनता रहा। एक रोज तोप अचानक चुप हो गई और उसी दिन मेरी आवाज थोड़ी-थोड़ी लौट आई। मैंने मामा और कंपनी के बारे में पूछा तो बताया गया कि रेजीमेंट में मुझे, तिलकधारी धीर, कादिरबख्श और देवनारायन को छोड़कर बाकी सब लोग मारे गए। चार लोग गारद ड्यूटी पर थे और बच गए लेकिन उस धमाके में कुल सैंतालीस लोगों की जान गई।

❑

झक्की मेजर की कहानी

घेराबंदी के बारे में मेरा डर कितना सही साबित हुआ। मैं दुःख में डूब गया। मामा की लाश मिली ही नहीं। मलबा दूर-दूर तक फैला था और उसे साफ करने का समय नहीं था। मन में बहुत आया कि जाकर मामा की लाश ढूँढ़ूँ लेकिन मैं अपना हाथ-पैर तक नहीं हिला सकता था। उस समय अस्पताल के टेंट में इतने लोग घायल होकर पड़े थे कि अफसरों को अपना टेंट खाली करके घायलों को देना पड़ा। मेरा कप्तान बहुत अच्छा था। धमाके में घायल हुए कप्तान बरमा साहब हमारे ही टेंट में थे। बर्रमपील साहब बाल-बाल बच गए। धमाका होने के समय बारूद से कुछ ही गज दूर थे और मुँह के बल जमीन पर गिर पड़े। उन्हें चोट नहीं लगी। दो नंबर की कंपनी बिल्कुल तबाह हो गई। नंबर एक कंपनी उसी बारूद पर से कुछ देर पहले गई थी और जैसे ही दो नंबर आई, बारूद फट गया।

किले पर कब्जा हो गया। हमें बताया गया कि किले में कई तरह के लोग मिले—अरब, बलूच, काबुली और न जाने कौन-कौन। सरकार ने एक बार फिर जसवंत राव को जाने दिया और उन्हें सजा नहीं दी। मैंने कप्तान से पूछा कि जसवंत को मारा क्यों नहीं गया। कप्तान ने कहा कि वह अपने मालिक, महाराज सिंधिया, के हुक्म की तामील कर रहे थे। सिंधिया अपने को कंपनी बहादुर का दोस्त कहते थे लेकिन हकीकत में उसके दुश्मन थे। कप्तान ने कहा कि सजा सिंधिया को दी जाएगी। इस सरकार का कानून विचित्र है और

उसका व्यवहार समझ में नहीं आता। ऐसे लड़ने का क्या फायदा कि आदमी अपने दुश्मन को न मारे? हम जिनसे लड़ रहे थे उनके लिए यह अजीब बात थी। वे मानते थे कि सरकार दया दिखाकर पागलपन कर रही है और इसी का हर तरफ से फायदा उठाने की कोशिश करते थे। कई बार वे कामयाब हो जाते। एक लाट मलकम साहब थे। उन्हें चकमा देना आसान नहीं था। उनके जैसे लाट साहब कम ही थे। इससे फिर वही बात साबित होती है, जो मैंने पहले कही थी–कि साहब लोगों और अंग्रेज जवानों को लड़ने में मजा आता है और यह उनके लिए खेल है। लड़ाई में उन्हें शराब मिला करे तो वे खुश रहते हैं। लड़ाई उनके लिए मौजमस्ती है।

लड़ाई खत्म होने के बाद फौज की टुकड़ियाँ अलग-अलग हो गईं और सब रेजीमेंट अपने ठिकानों की ओर रवाना कर दी गईं। हमारी बटालियन को अलीगढ़ जाने का आर्डर हुआ और हम अस्पताल की खटारा गाड़ी पर लाद दिए गए। बीमारी के कारण मुझे गाँव जाने के लिए दोबारा छुट्टी मिल सकती थी लेकिन मैं, न जाने क्यों तुरंत जाना नहीं चाहता था। मुझे तबीयत ठीक न होने की वजह से कुछ दिन रुकने की अनुमति मिल गई। मैं एक झोंपड़ी में रहा। वह हिरनी ठकुराइन मेरी सेवा शुश्रूषा करती रही। मैं इतना खुश था, जितना घर में कभी नहीं रहा। कुछ ही महीने में बिल्कुल चंगा हो गया। चलने-फिरने लगा।

सरकार उस समय कई नई बटालियनें बना रही थी और हमारे कर्नल साहब ने कहा कि अगर मैं नई बटालियन में जाना चाहूँ तो मेरी तरक्की हो सकती है और मैं नायक बन सकता हूँ। मामा मर गए थे और कंपनी के बाकी साथियों का हाल अच्छा नहीं था। मैंने अपनी पुरानी कंपनी छोड़ देने का फैसला कर लिया। इसमें सबसे ज्यादा तकलीफ इस बात से हुई कि मुझे अपने कप्तान साहब को छोड़ना पड़ा। इंग्लैंड से एक ही बर्रमपील साहब आए थे और वे पुरानी रेजीमेंट में थे।

मैं जुलाई 1820 में फतेहगढ़ में नई बटालियन में शामिल हुआ। पता चला कि उसमें केवल दो कंपनियाँ हैं, जिनमें कई अलग-अलग रेजीमेंट से सिपाही लाकर भरती किए गए हैं। सरकार उससे नई रेजीमेंट बनाने वाली थी। उसमें केवल दो अंग्रेज अफसर थे। मेजर गादीन और अजूटन साहब। मेजर बहुत लंबा और साँवला था। शिकार की ड्रेस पहनकर परेड मैदान में आना उसकी आदत थी। किसी ने मामूली गलती भी की तो, चाहे वह नया

रंगरूट हो या इंस्ट्रक्टर, अपनी मोटी छड़ी से सीधे सिर पर मारता था। नतीजा यह हुआ कि उसको कोई पसंद नहीं करता था, डरते सब थे। उसने अफसरों को बताया कि उसे, मर्जी के खिलाफ, पुरानी रेजीमेंट से हटाकर यहाँ भेजा गया है। उसे यह बात बिल्कुल पसंद नहीं थी। वह सबसे चिढ़ा हुआ था। सही बात तो यह है कि उसके डर से चार महीने में नई बटालियन में केवल चालीस नए रंगरूट भर्ती हुए। इसके बाद अलग-अलग रेजीमेंट से चार और साहब और तीन काडेट आए। कुछ लोगों के आ जाने के बाद ड्रिल फिर शुरू हुई।

मेजर साहब को अंग्रेज अफसर भी पसंद नहीं करते थे। परेड से पहले या बाद में उनसे बात नहीं करते थे। कोई मेलजोल नहीं। मेजर की दोस्ती लगता है कि केवल उनकें बावर्ची से थी। कोई नहीं जानता कि क्यों? बावर्ची का साहब पर बहुत असर था। किसी सिपाही को छुट्टी या कुछ और माँगना हो तो वह बावर्ची को पटाने की कोशिश करता ताकि साहब तक बात पहुँच जाए। एक दिन मैं मेजर के यहाँ गार्ड ड्यूटी पर था। वह हुक्का पीने जा रहा था लेकिन तंबाकू खींचने में मुश्किल थी। गुस्से से तिलमिला उठा। चिलमची उठाई और हुक्काबरदार के सिर पर दे मारी। जलता कोयला पूरी कोठरी में फैल गया। गलीचे में आग लग गई और अगली कोठरी के टेंट तक फैल गई। नौकर-चाकर दौड़कर आए। आग बुझाई लेकिन तब तक टेंट करीब-करीब जल चुका था। इस पूरी अफरा-तफरी में साहब अपनी कुर्सी पर बैठा रहा और बिल्कुल नहीं हिला-डुला। बाद में जब बावर्ची ने आकर बात की, तब उनका गुस्सा ठंडा हुआ। इस गुस्से से मेजर साहब का नुकसान हुआ क्योंकि जो टेंट जला वह एकदम नया था और कम-से-कम तीन सौ रुपए का रहा होगा। हम लोगों ने हमेशा पता लगाने की कोशिश की कि बावर्ची का साहब पर इतना असर क्यों है लेकिन कभी पता नहीं चला। कुछ लोगों का कहना था कि वह साहब का नजदीकी रिश्तेदार था।

इस बात में कोई शक नहीं है कि मेजर थोड़ा झक्की था और उसका हाव-भाव बाकी साहबों से अलग था। अपने बरामदे में वह कई-कई घंटे चहलकदमी करता। हाथ पीछे किए हुए खुद से बात करते। बुदबुदाते हुए। जितनी दफा मुड़ता, दीवार पर जोर से लात मारता। वह हम लोगों की बोली एकदम ठीक बोल लेता था लेकिन उसको नए रंगरूटों को चिढ़ाने में

बहुत मजा आता। रंगरूटों से पूछता कि उनकी शादी हुई है कि नहीं? उनकी बीवी का नाम क्या है? अपनी बीवी का नाम लेना हम लोगों में बहुत शर्म की बात मानी जाती थी। मैंने यह भी देखा कि वह रेजीमेंट के बाकी अफसरों से खुलकर नहीं मिलता था। अजूटन साहब को उसने कभी बैठने को नहीं कहा। बाकी अफसरों को तब तक कुर्सी नहीं दी जाती थी, जब तक कि मेजर खुद नौकर को हुक्म न दे।

इसी बीच एक और अफसर रेजीमेंट में आया, जो देखने में मेजर की उम्र का ही लगता था। एक दिन वह मेजर से मिलने आया तो मैं वहीं गार्ड की ड्यूटी पर था। बहुत ध्यान से देख रहा था कि मेजर उसे कुर्सी देता है कि नहीं? नया साहब थोड़ी देर खड़ा रहा और फिर खुद एक कुर्सी खींचकर बैठ गया। इसके बाद खूब गालीगलौज हुई। कप्तान ने एक घूँसा मारकर मेजर को गिरा दिया। बड़बड़ाता हुआ चला गया। अगले दिन सवेरे मैं मैदान से लौट रहा था तो देखा कि चार अफसर राइफल लिए खड़े हैं। लाइन से थोड़ा दूर, एक गली के पास। अफसर लोग अक्सर पिस्तौल से निशानेबाजी का अभ्यास करते इसलिए शुरू में मैंने उस ओर ध्यान नहीं दिया। नजदीक पहुँचा तो देखा कि मेजर और कप्तान दोनों वहाँ मौजूद हैं। मैं वहीं रुक गया। देखने के लिए कि अब क्या होगा। मुझे अंग्रेजों का यह रिवाज पता था कि झगड़ा होने पर दोनों लोग आमने-सामने होकर एक-दूसरे पर गोली चलाते हैं। मेजर को एक अफसर ने कप्तान से कुछ दूर खड़ा किया। कप्तान के पास दूसरा अफसर था। दोनों ने गोली चलाई। मेजर मुँह के बल गिर पड़ा। मैं दौड़ कर गया तो देखा कि मेजर मर गया है। गोली उसके सिर में लगी थी। मैं गाड़ी लेने अस्पताल गया और थोड़ी देर में यह खबर हर जगह फैल गई कि मेजर साहब मारे गए। उनकी लाश घर ले जाई गई और शाम को उसे दफना दिया गया। इससे सबसे ज्यादा दुःखी बावर्ची था। साहब लोगों के चेहरे पर कोई दुःख नहीं था।

फिरंगियों के दस्तूर अजब थे। जैसे इसी मामले में, जब झगड़ा हुआ उस समय किसी ने तलवार नहीं निकाली और हमला नहीं किया। साहब लोग वैसे ही शांत और चुपचाप थे, जैसे परेड में रहते हैं। उस समय मैं नहीं जानता था कि मेजर के साथ खड़ा अफसर कप्तान का अच्छा दोस्त था। साथ खड़े दो छोटे अफसर भी दोस्त थे। इस तरह बात कर रहे थे, जैसे एक ही घर में रहते हों। इज्जत आबरू के बारे में अंग्रेजों के नियम बहुत कड़े

हैं। किसी की बेइज्जती हो जाए तो उसे लड़ना पड़ता है। क्योंकि न लड़ने पर बाद में कोई अफसर उससे बात नहीं करता।

उस जमाने में साहब लोग अक्सर एक-दूसरे से लड़ते थे। लड़ने के बाद उनकी दोस्ती और पक्की हो जाती थी। इधर हाल के वर्षों में मैंने साहबों की लड़ाई की बात नहीं सुनी। आजकल अगर उनकी लड़ाई होती है तो बहुत चुपचाप। शायद सबके सामने लड़ने में उन्हें शर्म आती है। मुझे लगता है कि इसका असली कारण लड़ाई के नए नियमों का डर है। आजकल जो साहब लड़ते हैं, उनका कोर्टमार्शल हो जाता है। नौकरी से निकाल दिया जाता है। मैंने सुना है कि इंग्लिस्तान में राजा ने मजबूरी में यह लड़ाई बंद कराई। एक तो उसके कई अच्छे अफसर मारे जा रहे थे और दूसरे कि मरने वाले के परिवार का बोझ सरकार को उठाना पड़ता था। मैं यह कभी नहीं समझ पाया कि गुस्सा ठंडा होने के बाद कोई कैसे लड़ सकता है। लेकिन साहब लोग शायद लड़ाई को भी काम समझते हैं। यूरोपीय सिपाही अब पिस्तौल लेकर नहीं लड़ते बल्कि मुक्के से वार करते हैं। यह भी कम खतरनाक नहीं। कई लोग इसमें भी मारे गए। लड़ाई के बाद वे फिर दोस्त हो जाते हैं। वैसे यह बात सिपाहियों के लिए भी सही है। अगर वे लड़ने से मना कर दें तो उन्हें कोई नहीं पूछता।

बाद में रेजीमेंट की कमान सँभालने के लिए एक और अफसर भेजा गया। कर्नल हैमिलटीन साहब। वह मेजर की तरह नहीं था और अफसर तथा सिपाही दोनों उसकी बहुत इज्जत करते थे। रेजीमेंट में अब करीब-करीब एक हजार लोग हो गए थे—एक से एक बढ़िया, कद्दावर जवान। अगले दो-तीन साल कुछ खास नहीं हुआ, सिवाय इसके कि हम मेरठ के लिए कूच कर गए। मैंने हिरनी ठकुराइन की जात बहाल करने के लिए पैसा खर्च किया और फिर उससे गंधर्व विवाह कर लिया। जब मैं मेरठ में था तो घर में दुनिया भर की खुशियाँ आ गईं—हमारे घर लड़का पैदा हुआ।

❑

सफरमैना ने सुरंग बिछाई

लगभग उसी समय यह सुनाई पड़ रहा था कि सरकार भरतपुर के राजा बलवंत सिंह को मदद देने वाली है। उनके भाई दरजन साल ने उन्हें गद्दी से बेदखल कर दिया था। अपनी गद्दी वापस पाने के लिए राजा सरकार के सामने बहुत गिड़गिड़ाए लेकिन उस समय उनकी उम्र कम थी और भरतपुर में उनके मुकाबले वाली पार्टी जबर्दस्त थी। जनरल लोनी अकती उस समय दिल्ली में लाट साहब थे और उन्होंने फौज को इकट्ठा होने का हुक्म दिया। हमारी रेजीमेंट को आगरा कूच का आर्डर हुआ लेकिन हम लोग थोड़ी दूर गए थे कि मेरठ बुला लिए गए। अफसर लोग इससे बहुत निराश हुए क्योंकि वे नई रेजीमेंट का कमाल दिखाकर नाम कमाना चाहते थे। एक महीने बाद फिर आर्डर मिला और हम लोग आगरा के लिए चल दिए, जहाँ पहले से बड़ी फौज इकट्ठा थी। हम सब वहाँ काफी दिन रहे।

कुछ लोग सोचते थे कि फौज की चढ़ाई की बात सुनकर दरजन साल बिना लड़े किला छोड़ देगा। लेकिन दरजन का व्यवहार विचित्र था। एक दिन आदमी भेजकर समर्पण की बात करता और अगले ही दिन दूसरा आदमी भेजकर कहता कि वह लड़ने के लिए तैयार है। यह उखाड़-पछाड़ दरजन शायद इसलिए कर रहा था कि इस बीच में उसे आदमी और गोला-बारूद जुटाने का मौका मिल जाएगा। लैडलिक के जमाने में अंग्रेजों ने एक बार भरतपुर पर कब्जा कर लिया था। उस लड़ाई में उनकी आधी कुमुक मारी गई लेकिन समर्पण नहीं

हुआ। यह बात सब लोग जानते थे। सबको याद थी। किला अब पहले के मुकाबले ज्यादा मजबूत हो गया था और खबर यह थी कि उनके पास कई बड़ी तोपें हैं, जिसके गोले छह मील दूर जाकर गिरते हैं। भरतपुर के लोगों को इस तोपखाने पर बहुत भरोसा था और वे समझते थे कि किले में कोई सेंध नहीं लगा सकता।

अंग्रेज चीफ कमांडर रोज-रोज की इस बात से ऊब गया था और उसने आगरा से फौज लेकर वहाँ घेरा डाल दिया। कई बड़ी-बड़ी तोपें लगाई गईं। दुश्मन के घुड़सवारों ने हमें बहुत तंग किया। वे कैंप के पास मँडराया करते और फौज के साथ चलने वालों तथा इधर-उधर भटक गए लोगों को काट डाला करते थे। फौज के घुड़सवार उनका पीछा करते तो वे किले की तोप की आड़ में कभी-कभी ऐसे रास्ते से रफूचक्कर जो जाते, जो सिर्फ वे ही जानते थे। सरकार की तोपों का कोई असर नहीं हो रहा था क्योंकि किले की दीवार इतनी मोटी थी कि उस पर एक कंपनी लाइन से खड़ी हो जाए। दुश्मन रात में कैंप पर हमला करता और आसपास की रियासतें चुपचाप देखतीं कि सरकार का क्या हाल हो रहा है। अगर हमारा हाल खराब होता तो वे सब पीछे से कैंप पर हमला कर देते, जिधर घना जंगल था और उसकी पहरेदारी करना मुश्किल था।

सफरमैना (सैपर्स एंड माइनर्स) से कहा गया कि वे दीवार के नीचे बारूदी सुरंग बिछाएँ। एक रात मैं गार्ड ड्यूटी पर था। आधी रात को एक संतरी ने खबर की कि आसपास के खेतों में पानी भर रहा है। दुश्मन ने बड़ी खाई और ताल से पानी छोड़ दिया था। अगर मैंने समय पर सबको सावधान न किया होता तो कई सफरमैना डूबकर मर गए होते, जैसे बारिश में अपने बिलों में छिपे चूहे। सफरमैना ने आनन-फानन में उस ओर मिट्टी की दीवार खड़ी कर दी और पानी सुरंग की तरफ नहीं आ पाया। उस दिन बड़ा दिन था।

एक हफ्ता बाद सुरंग दुश्मन की एक गढ़ी तक बिछा दी गई और हमने सुना कि अब उसमें धमाका होगा। सारे सिपाही धमाके का असर देखने के लिए बाहर निकल आए। दुश्मन सोच रहा था कि चढ़ाई होने वाली है इसी चक्कर में उसने फौज तैनात की और एक बड़ी तोप लाकर उसी गढ़ी पर लगाई, जिसके नीचे बारूद बिछी थी। हमारे खेमे में थोड़ी देर तक सन्नाटा रहा लेकिन सुरंग फटी ही नहीं। सफरमैना परेशान थे। सोच रहे थे कि

शायद दुश्मन ने जवाबी सुरंग बिछा दी। कई सफरमैना देखने के लिए भागे कि पलीते में आग ठीक से लगी कि नहीं? तभी एकदम से धमाका हो गया। सब हवा में उड़ गए। गढ़ी, बड़ी तोप और लोग। सब जाकर बड़ी खाई में गिरे। धमाके से किले की दीवार में इतना बड़ा छेद हो गया कि पूरी कंपनी उसमें से चली जाए। दुश्मन धमाके से एकदम भौचक रह गया और उधर से गोलाबारी बंद हो गई। हमारे तोपखाने ने रात भर उसी दिशा में गोले चलाए। सवेरे एक अगाड़ी हल्ला दस्ता बनाया गया, जिसमें हमारी तथा एक और कंपनी के कुछ लोगों को रखा गया। दरजन के लोग जान देकर लड़े लेकिन यूरोपियन सिपाहियों के आगे कौन ठहरता?

सवेरे दस बजे तक भरतपुर का नामी-गिरामी किला सरकार के हाथ में आ गया। दरजन ने भागने की कोशिश की। पकड़ा गया। वहाँ लूट का बहुत सामान मिला और साहबों ने काफी माल उड़ाया। मुझे हमले में मरी एक औरत के पास से एक हार मिला, जिसे मैंने अपना हिस्सा मान लिया। सोचा था कि यह हार मैं अपने बेटे को पहनाऊँगा लेकिन दो यूरोपीय सिपाहियों ने मुझे देख लिया। जबर्दस्ती हार छीन लिया। उसके दो टुकड़े करके आधा-आधा बाँट लिया। बाद में दोनों में से एक सिपाही मुझे नशे में धुत मिला तो मेरा काम बिना जोर-जबर्दस्ती के हो गया। आधा हार वापस मिल गया। शहर में बहुत लोग तोप के गोलों से मर गए थे। उससे ज्यादा बारूदी सुरंग फटने से तबाह हुए। मैं वह जगह देखने गया, जहाँ बारूद फटा था। अपनी आँख पर भरोसा नहीं हुआ। दुश्मन की बड़ी तोप खाई में गिरी थी और कई लोग उसके नीचे दबे पड़े थे। उनके हाथ में बंदूकें थी—बंदूक लिए-लिए मर गए। किसी सिपाही के लिए इससे अच्छी मौत और क्या होती।

उस तोप का नाम 'फतेहजंगसिरफोड़वा' था। तीन बंदूक के बराबर लंबी। गोला घड़े जितना बड़ा। तोप के ऊपर जो लिखा था उससे पता चलता था कि उसमें करीब सत्तर सेर बारूद पड़ता है। मैंने साहब लोगों को इंग्लिस्तानी की नई तोपों के बारे में बात करते सुना था लेकिन यकीन नहीं था कि वे भरतपुर की तोपों से बड़ी होंगी। चार-पाँच तो मैंने खुद देखी थीं। किले के बारे में जितना कहा-सुना जाता था, उस हिसाब से इस पर कब्जे में ज्यादा नुकसान नहीं हुआ। हमले में पचास से ज्यादा सिपाही नहीं मरे। हमारी रेजीमेंट के पाँच सिपाही मारे गए और पंद्रह घायल हो गए। यूरोपीय

सिपाहियों का भी करीब इतना ही नुकसान हुआ। हल्ले में कई साहब लोग घायल हो गए क्योंकि वे किले की दीवार के पास जाकर राइफल चलाना चाहते थे। हालाँकि इसकी सख्त मनाही थी लेकिन उस समय कोई आर्डर नहीं मान रहा था। बाद में हमारी रेजीमेंट को आसपास के छोटे-मोटे किलों की रखवाली पर लगा दिया गया और मेरी कंपनी को बियानागढ़ी जाने का आर्डर हुआ। इन सब जगहों को जल्दी ही तोड़फोड़ दिया गया और रेजीमेंट साल भर बाद मेरठ लौट आई।

हिंदुस्तान में इस बीच एक नए लाट साहब आ गए, जिसे अफसर लोग बिल्कुल पसंद नहीं करते थे। लाट अफसरों की तनख्वाह घटाना चाहता था इसलिए सबने उसके खिलाफ झंडा उठा लिया। अफसरों के घर कई मीटिंग हुईं क्योंकि सब परेशान थे। कई अफसरों का कहना था कि अब वे सरकार की नौकरी नहीं करेंगे। कंपनी बहादुर ने इस लाट साहब को पैसा बचाने के लिए भेजा था क्योंकि लड़ाई में खर्च बहुत ज्यादा आने लगा था। कंपनी कहने लगी थी कि वह गरीब हो गई है। लेकिन यह बात कौन मानता? सरकार के पास पैसे की कमी? मैंने एक रेजीमेंट के अफसरों को दूसरी रेजीमेंट के साहबों से पूछते सुना कि अगर वे अपना हक माँगने के लिए लाट साहब से मिलने कलकत्ता जाएँ तो उनके सिपाही लोग साथ देंगे या नहीं? मुझे पता चला कि यूरोपीय सिपाहियों ने इससे इनकार कर दिया। कहा कि वे बंगाल आर्मी के अफसरों के खिलाफ नहीं जाएँगे, जब तक बात केवल भत्ते की है। उस समय एक-एक साहब गुस्से में था। सरकार के खिलाफ बोलता था। लेकिन साथ ही यह भी कहता कि इसके लिए नए लाट साहब जिम्मेदार हैं। उनका मानना था कि लाट साहब बिना आर्डर के काम कर रहे हैं और वे कंपनी को खुश करके उसका फायदा उठाना चाहते हैं।

राजा बलवंत सिंह को भरतपुर की गद्दी पर बिठाने के बाद सरकार ने उनसे लड़ाई का पूरा खर्च माँगा। यह रकम करीब या शायद एक करोड़ रुपए से ज्यादा बनती थी। कई राजाओं और नवाबों को लगा कि इससे उनकी बहुत बेइज्जती हुई क्योंकि वे सरकार को अपना दोस्त मानते थे, भाड़े का दोस्त नहीं। कुछ लोग तो यह कहने लगे कि वे जब चाहे अंग्रेजों को किराए पर बुला सकते हैं। मैंने यह भी सुना कि एक राजा ने अपना एक आदमी यह पता लगाने के लिए भेजा कि उसकी बेइज्जती करने वाले

एक दूसरे राजा पर चढ़ाई के लिए गोरी फौज कितनी रकम लेगी? वैसे यह सब बाजार की बातें हैं और, हो सकता है, सही न हों।

बड़े फौजी अड्डों के बाजार में झूठ-सही तरह-तरह की खबरें चला करती हैं। अगर बात सरकार के खिलाफ जाती है तो लोग उसको बहुत ध्यान से, कान लगाकर, सुनते हैं। इससे निठल्ले लोगों को नई-नई बातें गढ़ने का मौका मिल जाता है। सरकार के खिलाफ जाने वाला झूठ जितना बड़ा होता है, उसको उतना ही ज्यादा सही मान लिया जाता है। मुझे याद है कि रूस की लड़ाई के समय, जब हिंदुस्तान में लड़ाई नहीं चल रही थी, यह खबर अक्सर उड़ती कि सरकार का भट्ठा बैठ गया है। रूसियों ने सारे विलायती सिपाहियों को मार डाला। उनके सब जहाज डुबा दिए। यह बात खूब फैलाई गई। इतनी फैल गई कि जब बगावत हुई तो ज्यादातर हिंदुस्तानी यही मानते रहे कि सरकार के पास हिंदुस्तान में जितने सिपाही हैं उन्हें छोड़कर और कहीं सिपाही नहीं हैं। बागियों की हैरानी देखने लायक थी, जब एक-पर-एक रेजीमेंट मुल्क में आने लगी। उनकी हिम्मत छूट गई। मान लिया कि उनके साथ धोखा हो गया। उन्हें पता चला कि अंग्रेज की ताकत से लड़ना बेकार है।

❐

फौज में सूदखोरी

दो साल मेरठ में रहने के बाद हमारी रेजीमेंट को शाहजहाँपुर और वहाँ से करनाल होते हुए लुधियाना भेज दिया गया। इस दौरान कुछ खास नहीं हुआ। बस, सिपाहियों की वर्दी बदल गई और कई रेजीमेंट में नई राइफल कंपनियाँ बन गईं। हिंदुस्तान के कुछ इलाकों में हर साल छोटी-मोटी लड़ाइयाँ होती रहीं लेकिन हमारी रेजीमेंट ने उसमें भाग नहीं लिया। मुझे तरक्की मिली और हवलदार बन गया। काम मिला तनख्वाह-हवलदार का। उस समय कई लोगों की नजर इस पद पर थी। कंपनी के ज्यादातर सिपाही अपना पैसा मेरे पास रख देते थे। मैं इस पैसे को अच्छे सूद पर उठा देता क्योंकि सिपाही लोग घर जाने के अलावा कभी अपनी रकम माँगते नहीं थे। इससे मुझे काफी कमाई हुई। हर महीने के अंत में सिपाहियों को उनका पैसा दिखा दिया जाता था ताकि उन्हें भरोसा रहे कि रकम सही-सलामत है।

पैसा सूद पर उठाने का काम महीना-दर-महीना चलता रहा। मेरे पास पाँच सौ रुपये इकट्ठा हो गए। तनख्वाह-हवलदार साहब लोगों को भी पैसा उधार देता था। साहबों की तनख्वाह मेरे ही हाथ से जाती इसलिए पैसा डूब जाने का कोई डर नहीं था, जब तक कि कोई साहब मर न जाए। साहब के मरने पर मैं यह हिम्मत नहीं कर सकता था कि उसकी जमीन-जायदाद से रकम उगाह लूँ। सूद पर पैसा देने पर रोक लगा दी गई थी। लेकिन मैंने कभी नहीं सुना कि

इस वजह से किसी को सजा हुई। अफसरों की तनख्वाह बड़ी थी लेकिन कभी पूरी नहीं पड़ती थी। रेजीमेंट में खाली दो अफसर ऐसे थे, जिन पर कर्ज नहीं था। बाकी सब कर्ज में गले तक डूबे थे।

साहब लोग अपनी ज्यादातर तनख्वाह मौज-मस्ती में खर्च कर देते थे। कुछ जुआ खेलते तो कुछ घुड़दौड़ में पैसे लुटाते। घुड़दौड़ का खेल अंग्रेजों को बहुत अच्छा लगता है। जिन साहब लोगों की शादी हुई थी, वे तो हरदम कर्ज में रहते। उनका खर्च बहुत था। कुछ लोग किस्मत के मारे थे। कंपनी के कप्तान की कुल जमापूँजी नदी में नाव के साथ डूब गई। उनके पास इतना पैसा भी नहीं था कि कुछ सामान खरीदते। मैंने उन्हें पाँच सौ रुपया उधार दिया। मेरी तकदीर खराब थी कि कप्तान साहब को पैसे उधार देने के समय ही कई सिपाहियों की छुट्टी मंजूर हो गई और वे अपना पैसा माँगने आ गए। मैं सारा पैसा उधार दे चुका था। उस समय, जब पैसा हाथ में होना चाहिए था, नहीं था। मैं उनकी रकम नहीं दे पाया। कर्नल साहब से शिकायत हो गई। मेरे पास जो कुछ भी था, सब बिक गया। कप्तान ने पैसे का जुगाड़ करने की पूरी कोशिश की तब भी 137 रुपए कम पड़ गए। कोर्टमार्शल हुआ। हुक्मउदूली का जुर्म साबित हुआ बतौर सजा मुझसे तनख्वाह-हवलदार का काम छीन लिया गया। अगर मेरा पहले का चाल-चलन ठीक न रहा होता, तो शायद मैं हवलदार से फिर सिपाही बना दिया गया होता।

मैं पहली बार किसी अदालत में पेश हुआ था। हिंदुस्तानियों के लिए अंग्रेजों के कानून कितने टेढ़े-मेढ़े और मुश्किल हैं! हमारी रेजीमेंट के कई हिंदुस्तानी अफसर कोर्टमार्शल में बैठे थे। उन्होंने मुझे मुजरिम करार दिया। हालाँकि उनमें से कोई नहीं मानता था कि मैंने गलती की है। कई लोग अगर मेरी जगह रहे होते तो वही करते, जो मैंने किया। इसके बावजूद मुझे मुजरिम घोषित किया गया। क्योंकि फौज के नियम में ऐसा लिखा था। उनके मन में यह भी था कि कर्नल ऐसा चाहते हैं। यूरोपीय अफसर इस मामले में पूरी बात जानते थे लेकिन नियम में था कि सजा हो।

लड़ाई के नियम-कानून अक्सर रेजीमेंट में पढ़कर सुनाए जाते हैं। लेकिन वे इतनी कठिन अरबी-फारसी में होते हैं कि उन्हें शायद ही कोई समझ पाता हो। कुछ बातें पता चल जातीं लेकिन ज्यादा सिर के ऊपर से निकल जातीं। लाट साहब के आर्डर का भी यही हाल था। वही समझ

पाता, जिसकी अच्छी पढ़ाई-लिखाई हुई हो। मोटा-मोटी यह समझिए कि आर्डर सुनने के बाद हर कंपनी में दो या ज्यादा से ज्यादा तीन सिपाही होते हैं, जिन्हें समझ आता है कि क्या करना है और क्या नहीं करना है। एक तो इंटरपेटर साहब हमेशा बहुत जल्दी में रहते हैं और दूसरा कि कई अक्षर वे ठीक से बिल्कुल नहीं बोल पाते। सिपाही को बहुत नियम-कायदा जानने की जरूरत नहीं होती। इससे उसके मन में शंका होती है और डर बैठ जाता है। उसे अपने कमांडर को माई-बाप मानना चाहिए। यही सिखाया जाना चाहिए।

हम लोग एक शक्ति की पूजा करते हैं और टुकड़ा-टुकड़ी ताकत हमें समझ में नहीं आती। अंग्रेजों में ताकत बँटी रहती है। कुछ ताकत कमान अफसर के पास, तो कुछ अजूटन के। कई बार अजूटन की ताकत कमांडर से ज्यादा हो जाती। चीफ कमांडर की ताकत बहुत होती है। और लाट साहब गवर्नर जनरल की उनसे भी ज्यादा। तब भी कोई काम करने से पहले उन सबको अपने ऊपर किसी से पूछना पड़ता है। एक सिपाही को सजा देनी हो तो कमान अफसर दस लोगों से पूछता है। इसमें कई बार महीनों लग जाते हैं। जब तक सजा होती है, आधे लोग यह भूल जाते हैं कि सजा क्यों दी गई? सजा का असर बिल्कुल खत्म हो जाता है।

मुझे याद है एक रेजीमेंट में एक हवलदार का कोर्टमार्शल हुआ। उसको एक बड़े साहब के साथ बेअदबी करने पर नौकरी से निकाल दिया गया, जब कि जुर्म ऐसा था कि उस पर कोड़े पड़ते। परेड मैदान में सजा सुनाई गई तो हवलदार ने पलटकर कमान अफसर से कहा कि वह इसकी शिकायत सीधे चीफ कमांडर साहब के यहाँ करेगा। उसकी जगह एक और हवलदार को तरक्की दे दी गई तो वह शिमला चला गया। गवर्नर जनरल की मेमसाहब के पैर पकड़ लिए। कहा, 'दया करो, इंसाफ करो।' तीन महीने के भीतर उसकी नौकरी बहाल हो गई। पुरानी रेजीमेंट मिल गई। इससे जनरल, ब्रिगेडियर और कमान अफसर की बहुत किरकिरी हुई। उस जमाने में सिपाही कोर्टमार्शल की परवाह नहीं करते थे। यह तब की बात है जब चीफ कमांडर हर शिकायत की सुनवाई करते। कर्नल साहब गुस्से में थे लेकिन उनके पास ताकत नहीं थी। क्या कर लेते?

कमांडर के पास इतनी ताकत होनी चाहिए कि वह जिंदगी और मौत का फैसला कर दे। जब तलवार छह सौ मील दूर रहेगी तो उससे कौन

डरेगा? सिपाहियों को लगेगा कि उनका कमांडर असली कमांडर नहीं है तो वे ऊपर किसी और ताकत की ओर देखेंगे ही। सिपाही विद्रोह का एक कारण यह भी था।

मैंने पहले ही कहा था कि हिंदुस्तान के लोग बलवान की पूजा करते हैं। उन्हें तड़क-भड़क और तामझाम अच्छा लगता है। इस बात का लोगों पर बहुत असर पड़ता है। जितना अंग्रेज सोचते हैं, उससे ज्यादा। राजा और कुँवर लोगों की ताकत का अंदाजा हम लोग हमेशा चाँदी सोने से मढ़ी चमकदार चीजों से लगाते हैं। लड़कपन से इसी तरह सोचते आए हैं। हमें जितने किस्से सुनाए गए, सबमें यही बात थी। अब अगर कोई गवर्नर जनरल या लेफ्टिनेंट गवर्नर ताबेदारों को छोड़कर बिना मुकुट पहने अकेले बग्घी में निकलेगा तो हम लोग उसके बारे में क्या सोचेंगे।

जो सरकार की नौकरी में हैं, उन्हें ओहदेदारों की ताकत पता है लेकिन आम लोग उन्हें नकली मानते हैं। वे लाट साहब को अपने राजा, नवाब या वजीर के बराबर नहीं खड़ा करते। सरकार को इसी हिसाब से देखते हैं पर सरकार समझती ही नहीं। मैंने कई बार साहब लोगों से कहा कि वे मेमसाहबों से कुछ सीख लें। सोना-चाँदी पहनें। मैंने कुछ मेमसाहबों को नाच या मेले में जाते देखा और सजी-धजी वे सचमुच राजकुमारी जैसी लगती थीं। मैंने जब भी कहा, एक ही जवाब मिला। गहना और हीरा-मोती पहनना साहबों के लिए शर्म की बात है। वे सोना तभी पहनते हैं जब वह उन्हें बहादुरी के इनाम की तरह मिला हो। मैंने बहादुरी का इनाम देखा है और मुझे लगता है कि इतना सोना बहुत कम है। एक साहब ने मुझसे कहा कि उसकी मेम ने गहनों पर इतना पैसा खर्च कर दिया कि वह चाह कर भी सोना नहीं पहन सकते।

हम सब कभी-कभी अक्ल और चाल-ढाल की इज्जत करते हैं लेकिन ऊपरी तड़क-भड़क और दिखावा उसका मुकाबला नहीं कर सकता। जनरल निकलसेन साहब को कई लोग भगवान का अवतार मानते थे। उनके उठ जाने का आज तक गम मनाते हैं। कई पहाड़ी जंगल जाति के लोग जनरल जैकम को हजरत मोहम्मद के बाद सबसे बड़े आदमी की तरह देखते थे। मैंने सुना कि वह भी चल बसे।

सरकार को यह बात समझनी चाहिए कि सिपाहियों की रेजीमेंट का रुतबा बहुत हद तक कमान अफसर से तय होता है। अगर लोग किसी को

पसंद करें और वह लोगों की बात समझ सके, उनके दिल और विश्वास जीते, उसमें ताकत हो, सही-सही फैसला करे तो वे उसके लिए कुछ भी करने को तैयार होंगे। हर बात मानेंगे और उसकी एक-एक बात कानून बन जाएगी। लेकिन यह सब एक दिन या एक साल में नहीं हो सकता। इसी वजह से कोई अजनबी जब कमान सँभालने के लिए भेजा जाता है, जो उनकी बात नहीं समझता, तो बदमगजी पैदा होती है।

हम लोगों को नया तौर-तरीका एकदम पसंद नहीं। एक आदमी कुछ करके जाता है, दूसरा उसे उलट देता है। लोग समझ नहीं पाते कि बात एक दिन में बदल कैसे जाती है। एक रेजीमेंट में साल भर में चार कमान अफसर, तीन अजूटन और दो काटर-माटर बदले। यह सब इसलिए नहीं हुआ कि पहले वाले लड़ाई में काम आए। हम लोगों को साहबों का रागरंग समझने में समय लगता है। जब आदमी उन्हें समझ ले तो अफसर को नहीं हटाया जाना चाहिए। गदर से पहले जितने अच्छे अफसर थे, रेजीमेंट से निकालकर कहीं और भेज दिए गए। कई-कई साल नहीं लौटे। जब तक लौटते, रेजीमेंट की शक्ल बदल गई होती। कमान अफसरों की पसंद-नापसंद का मामला सिर्फ हिंदुस्तानी लोगों तक नहीं था। एक विलायती रेजीमेंट कर्नल से चिढ़ती थी। उसने सिख तोपखाने पर चढ़ाई से मना कर दिया। सब वहीं तोपगोलों के आगे मिट्टी हो गए लेकिन कदम नहीं बढ़ाया। अफसर घायल हो गया। कुछ लोगों का कहना था कि उसे उसके अपने लोगों ने मारा। बाद में एक नया अफसर आया, जिसे सब पसंद करते थे। वही सिपाही इस बार सिख तोपखाने पर चढ़ बैठे। उसे धूल जैसा उड़ा दिया।

❑

काबुल पर चढ़ाई

अब मैं सरकार की नई फौज के बारे में कुछ लिखना चाहता हूँ। उस फौज के बारे में, जो गदर के बाद बनी। जहाँ तक मैं जानता हूँ, आजकल हिंदू-मुसलमान-सिख-पठान सब नौकरी से चिढ़ते हैं। उन्हें छुट्टी नहीं मिलती। अपना काम नहीं जानते। हर साल नई ड्रिल सीखनी पड़ती है और अगर ड्रिल भूल जाएँ तो सजा मिलती है। अब उनका इम्तहान होता है और तरक्की इस बात से मिलती है कि उन्हें कितना आता है। नियम-कानून और ड्रिल। मतलब यह कि तरक्की देना कमान अफसर के हाथ में होता है और यह चीज ऐसी है कि भरोसा करना बहुत मुश्किल है। पंजाबी और सिख तो इसलिए सरकार की नौकरी में आते हैं कि उन्हें लूटपाट का मौका मिल जाएगा। रोजी-रोटी या पेंशन के लिए नौकरी नहीं पकड़ते। वे सरकार की उतनी इज्जत नहीं करते, जितनी हम सब कंपनी बहादुर की करते थे।

उस समय अगर दिल्ली पर कब्जा न हुआ होता तो ब्रितानी हाकिम उत्तर के इतने लोगों और पठानों को फौज में शामिल न कर पाए होते। सब जानते हैं कि यह सब लटकन हैं और आँख गड़ाए देखते रहते हैं कि जीत किसकी होने वाली है। उनका फायदा किधर है। उन्हें उम्मीद थी कि पंजाब में गड़बड़ी होगी। तब वे जितने जोर-शोर से फौज में आए थे, उतने ही जोर से सरकार के खिलाफ हो जाएँगे। उनकी आँख खाली लूट पर थी। इसमें से आधे लोग अब

फौज से निकल जाना चाहते हैं। आधे इस उम्मीद में रुके हैं कि शायद उन्हें चीन में या कहीं और लूटपाट का मौका मिलेगा। यह अच्छा हुआ और सरकार की किस्मत ठीक थी कि लड़ाई की आग बुझ गई। सब ऐसा ठंडा पड़ा, जैसे किसी ने जलती लकड़ी पर पानी डाल दिया हो। जैसे-जैसे इन सबको लगता है कि शांति कई साल तक बनी रहेगी, वे एक-एक करके नौकरी छोड़ना चाहते हैं। जाने नहीं दिया गया तो वे बे-मन से नौकरी करेंगे।

हिंदुस्तान में ऐसे जवान लड़के हमेशा मिल जाएँगे, जो फौज में आना चाहते हैं। लेकिन थोड़े दिन में नयापन खत्म हो जाता है और वे भागना चाहते हैं क्योंकि नौकरी रोज-ब-रोज खराब होती जा रही है। अफसर मेहनत करके उन्हें सिखाते हैं, रगड़ते हैं, लेकिन फायदा कुछ नहीं होता। पंजाब में सिख लोग फौज में इसलिए भर्ती होते हैं कि उन्हें घर के पास रहने को मिलेगा। बाकी किसी मुल्क की परवाह नहीं करते। कुछ लोग तनख्वाह को लेकर परेशान रहते हैं। घुड़सवार दस्ते वाले अपनी तनख्वाह बढ़वा ले गए लेकिन पैदल सिपाहियों को कुछ नहीं मिला। हिंदुस्तान में आजकल हर चीज बहुत महँगी हो गई है और सरकार सूदखोरों पर रोक नहीं लगाती। इस हालत में सिख, पंजाबी या मुसलमान सिपाहियों के लिए सात रुपया महीने में काम चलाना बहुत मुश्किल हो गया है।

जहाँ तक मुसलमानों का सवाल है, वे हमेशा सोचते हैं कि विलायती लोगों को भगाकर फिर उनका राज आ जाएगा। कहते फिरते हैं कि वह दिन अब ज्यादा दूर नहीं। उन्होंने वह सब देखा होता, जो मैंने देखा है तो यह पागलपन उनके मन में न आता। वे जगह-जगह बोला करते हैं कि उन्होंने मुल्क के लिए क्या-क्या किया है और एक दिन फिर वही सब करेंगे। हो सकता है दिल्ली पर कब्जा गँवाने की बात याद आने पर उन्हें सही हाल कुछ-कुछ समझ में आता हो। उस समय कंपनी की फौज और तोपखाना उनके साथ था, फिर भी वे चार-पाँच यूरोपियन कंपनी के खिलाफ कुछ नहीं कर पाए। गदर के बाद मैं एक पंजाबी कोर में रहा। मैंने जो लिखा है वही बात हर आदमी के दिमाग में थी। मैं जानता हूँ कि अगर पंजाब सरकार के खिलाफ खड़ा होगा तो एक लाख हिंदुस्तानी फौज में फिर शामिल होने को तैयार हो जाएँगे। भले ही इसका कारण पुराना हिसाब चुकाने की मंशा हो।

कई देसी कंपनियों वाली रेजीमेंट को एक साथ और एक ही जगह रखने का सरकार का फैसला बहुत समझदारी भरा नहीं कहा जा सकता। इससे जवान लड़के अपने को तुर्रमखाँ समझने लगते हैं। बाजार में सीना ताने टहलते हुए ऐसी-ऐसी बात बोलते हैं, जो उन्हें नहीं बोलनी चाहिए। हर शहर में धोखेबाज और बेईमान भरे हैं। मुख्य बाजार में उनकी कोई कमी नहीं। यही लोग सिपाहियों को उल्टा-सीधा पढ़ा देते हैं। भड़काते हैं। लफंगई गदर के बाद और बढ़ गई है। पहले ऐसी बातें कम सुनने में आती थीं, आजकल हर जगह यही बात होती है। लफंगों को अपने नुकसान का कोई डर नहीं होता क्योंकि उनके पास कुछ होता ही नहीं। सोचते हैं कि कुछ हंगामा, कुछ गड़बड़ी हो तो उनका फायदा हो जाए, जैसे गदर के जमाने में हुआ था। मेरठ, कानपुर और कुछ अन्य शहरों में ऐसे लोग काफी हैं, जिन्हें गलत काम करने की सजा नहीं मिली। यह बात वे बढ़-चढ़ कर बताते हैं। कुछ गलत लोग हर रेजीमेंट में मिल जाएँगे, जिनसे बचने की जरूरत है। नए सिपाहियों को बचाने की भी।

कई साल तक हमारी रेजीमेंट में कुछ नहीं हुआ। बेटा जवान हो गया और उसे हमारी कंपनी में नौकरी मिल गई। यह बात 1837 में अक्सर सुनाई पड़ती कि सरकार काबुल के अमीर शाह शुजा-उल-मुल्क की मदद करने वाली है ताकि उन्हें गद्दी दोबारा मिल जाए। अफवाह रोज-रोज बढ़ती गई, जिससे हिंदुस्तान भर में खलबली थी। कुछ लोग कहते थे कि अफगानिस्तान में सरकार की टक्कर रूसियों से होगी, जिन्होंने अमीर दोस्त मोहम्मद खान की मदद का वचन दिया है। अफगान लोगों में दोस्त खान बहुत अच्छे बादशाह माने जाते थे। तस्वीर ऐसी बन रही थी कि वहाँ फारसी और रूसी सिपाही और आम लोग एकजुट होकर अंग्रेजों को टक्कर देंगे। कुछ लोग कहते कि सरकार की फौज हार जाएगी लेकिन कुछ ऐसे भी थे, जो मानते थे कि शाह शुजा की मदद करने वाले काबुल में कम नहीं हैं। इसलिए अंग्रेजों की फौज जीत जाएगी। सिपाही सिंधु नदी पार करने से डरते थे। एक तो वह हिंदुस्तान के बाहर थी और दूसरे यह डर कि दूसरे देश में जाने से धर्म भ्रष्ट हो जाएगा। नतीजा यह कि कई सिपाहियों ने फौज से छुट्टी ले ली। कुछ भाग खड़े हुए। मुसलमानों ने कहा कि एक बड़ी फौज हिंदुस्तान पर हमला करने वाली है। तरह-तरह से लोगों को भड़काने की कोशिश की। कहते कि हमलावरों के साथ रूस की बड़ी फौज है और

जैसे ही वे दर्रा पार करके मैदान में आएँगे, सारे मुसलमान सरकार के खिलाफ खड़े हो जाएँगे और विदेशियों को हिंदुस्तान से खदेड़ देंगे।

यह खबर इतनी जोर से फैली कि पूरी देसी फौज के मन में डर बैठ गया। कहा जाता था कि रूसी लोगों के पास हजारों-लाखों की फौज है और बहुत दौलत। उनके सिपाही लंबे-तड़ंगे बताए जाते और कहा जाता कि वे शेर की तरह बहादुर होते हैं। सब कहते कि सरकार अब खत्म हो जाएगी क्योंकि सिर्फ बारह-तेरह यूरोपीय रेजीमेंट लेकर वह दुश्मन के सामने खड़ी नहीं हो पाएगी। कुछ लोग तब भी कंपनी की किस्मत पर भरोसा किए बैठे रहे। मानते रहे कि यह मुश्किल पार हो जाएगी। लेकिन जब दुश्मन की ताकत का किस्सा सुना तो फक्क रह गए। इसी बीच सरकार ने अपनी फौज इकट्ठा करनी शुरू की। एक बड़ी फौज फिरोजपुर में जुटी जहाँ हमारी कोर 1838 के अक्तूबर महीने में तैनात थी। करीब दस हजार सिपाही और साथ में शाह शुजा के रंगरूट। सब को आर्डर अंग्रेज अफसर दे रहे थे। इस जमघट में हिंदुस्तान भर के लोग थे, जो लड़ाई में अपनी किस्मत आजमाने को तैयार थे।

मुझे फौज में हवलदार का ओहदा मिला। तनख्वाह बढ़ गई। मैं एक नई रेजीमेंट में चला गया क्योंकि मेरा कोर्टमार्शल हुआ था और अपनी रेजीमेंट में बने रहने पर तरक्की मिलने की उम्मीद नहीं थी। कहा जाता था कि नई रेजीमेंट के सिपाहियों को कंपनी बहादुर से तनख्वाह मिलेगी लेकिन मैं जानता था कि जब शाह को राजपाट मिल जाएगा, तब भी वह अपने खास सिपाहियों तक को तनख्वाह नहीं दे पाएँगे। फौज में तोपखाना, घुड़सवार और पैदल सिपाही थे और इन्हें शाह शुजा लाम कहा जाता था। कंपनी की फौज से खाली एक और मरियल यूरोपीय रेजीमेंट हमारे साथ काबुल गई। इसके अलावा उसमें बर्दवान, कस्तर और गिरांड पैदल रेजीमेंट थीं। दो रेजीमेंट और। काबुल जाने का सबसे छोटा और आसान रास्ता पंजाब होकर था, जहाँ उस समय सरकार के करीबी दोस्त महाराजा रणजीत सिंह का राज था। महाराजा ने फौज को अपने रियासत से होकर जाने को कह दिया लेकिन साथ ही लाट फेन साहब से यह भी कहा कि उनकी फौज छोटी है पर रास्ते में वह अंग्रेजी फौज से टकरा सकती है। कारण यह कि उत्तर में कई जगह महाराजा की फौज उनकी बात नहीं सुनती थी। इसलिए

फौज को सिंध जाने का आर्डर हुआ ताकि वह बोलन दर्रा होकर अफगानिस्तान में घुस सके।

हम लोग बहुत बड़ी-बड़ी नदियों के किनारे होते हुए चले। दोनों ओर घने जंगल हालाँकि पेड़ छोटे-छोटे थे। एकदम खराब इलाका था और वहाँ के लोग जंगली। दो महीना चलकर हम सिंध नदी के किनारे रोहड़ी पहुँचे। इस मार्च के बीच में करीब आधी फौज को बुखार हो गया। बहुत मुश्किल से नाव जोड़कर पुल बनाया गया और हम लोग नदी पार कर सके। उस इलाके में हिंदुस्तानी सिपाही पहली बार पहुँचे थे। दूसरी ओर देश वैसा ही था, जैसा इस तरफ। आदमी भी वैसे ही। उतने ही गंदे और खतरनाक। मैं कंपनी के साथ नदी पार कर रहा था कि पुल टूट गया। तीन नावें लहर में बह गईं। धार में इतनी जोर से उलटती-पुलटती बुक्कर किला पार कर गईं कि देखकर डर लगे। केवट लोगों को नाव रोकने में बहुत मुश्किल हुई। जब तक नावें रुकीं, वे लोग छह मील दूर चले गए थे। चार सिपाही नदी में डूब गए। सबको वहीं नदी के किनारे जंगल में रात काटनी पड़ी। रास्ता कोई नहीं जानता था। अगले दिन सुबह सूरज निकला तो हमें हेडक्वार्टर मिल गया।

❐

क्वेटा से कंधार

अफगानिस्तान पहुँचने के कुछ ही दिन के अंदर चीफ कमांडर की हालत इतनी खराब हो गई कि उन्हें विलायत लौटना पड़ा। वहीं बाम्बे आर्मी आकर बंगाल आर्मी से मिली। फिर सब शिकारपुर रवाना हुए। उस इलाके में पूरी आबादी मुसलमानों की थी और वे ऐसी भाषा बोल रहे थे, जो समझ में नहीं आती थी। गंदगी अलग से। फौज को उन्होंने कहीं नहीं रोका। कोई डकैती और मारकाट नहीं हुई। तब तक सब ठीक था लेकिन असली मुश्किल शिकारपुर से निकलने के बाद हुई। पूरे देश में रेत ही रेत। एकाध कुएँ थे पर उनका पानी जहर की तरह कड़ुवा। हर चीज ऊँट पर लाद कर लानी पड़ती थी। लकड़ी से पानी तक। वहाँ से बलूच लोग हमें तंग करने लगे। रात में हमला बोल देते और हमारे ऊँट भगा ले जाते। यह चोरियाँ अक्सर वहाँ होतीं, जहाँ काफिला रुकता। ऊँट चुराने का उनका तरीका अजीब था। जैसे ऊँटों को देखते उसके मुँह में ऊँट के खून से रंगा भाला घुसा देते। इससे वह उनके पीछे भागने लगता। एक ऊँट भागता तो पीछे पूरा झुंड चला जाता। बलूच लोग एक साथ बीस-बीस ऊँट पहाड़ में बहुत दूर तक ले जाते। इस चोरी से फौज को मुश्किल होने लगी। और ऊँट मँगवाए गए। लेकिन उनमें से ज्यादातर पालतू नहीं थे। जब तब भड़क जाते और पीठ का सामान गिराकर रेगिस्तान में भाग जाते।

जब हम लोगों ने कूच किया था, उस समय जाड़े का मौसम था

लेकिन तब भी गर्मी इतनी थी कि कई यूरोपीय सिपाही मर गए। एक दिन इतनी गर्मी पड़ी कि सुबह से शाम तक पैंतीस लोगों की जान चली गई। हालत इतनी खराब थी कि सिपाहियों की फौज ने हिंदुस्तान लौटने का मन बना लिया। तीनों फौज में बगावत के लक्षण दिखने लगे। एक ओर शाह शुजा सबसे कहते कि गद्दी मिलने पर वह लोगों को रुपए-पैसे से लाद देंगे। दूसरी ओर बलूचियों का डर था क्योंकि उनका झुंड बढ़ता जा रहा था। डर के मारे फौज पीछे भागने की जगह आगे चलती रही। अफसरों ने भी काफी समझाया। हम सब डरे हुए और परेशान थे। सबका पेट खराब।

चलते-चलते हम लोग डाधर तराई से निकले। डाधर को वहाँ के रहने वाले भी नर्क कहते हैं। एकदम गड्ढे में था। चारों ओर ऊँची पहाड़ियाँ। हवा तक नहीं घुस पाती थी। बुंदेलखंड की उस छोटी गुफा से भी खराब, जिसमें एक बार मुझे घुसना पड़ा था। बाद में हम बोलन दर्रा पहुँचे। वहाँ लड़ाई हुई और जंगलियों ने फौज के बहुत लोगों को मार डाला। जब मौका मिलता, जो सामने पड़ता, मारा जाता। इसके अलावा हमलावर अक्सर पहाड़ से बड़े पत्थर गिरा देते थे। वहाँ साफ पानी कहीं नहीं था। कुओं में पीलू की लकड़ी गिरी रहती थी, जिससे बदबू उठती। इतनी अधिक कि कुएँ के पास से गुजरने भर से आदमी बीमार हो जाए।

अगला पड़ाव क्वेटा था। जोर की ठंड। भीषण गर्मी से एकदम से ठंड में आने की वजह से कई लोगों को कँपकँपी वाला बुखार हो गया। फिर कंधार नजर आया। कंधार वालों ने हम लोगों को कुछ नहीं कहा, लेकिन बलूच और पहाड़ी जंगल जातियों के हमले जारी रहे। कहा यह जाता था कि अफगान लोगों ने सपने में भी नहीं सोचा था कि सरकार की फौज इतने टेढ़े-मेढ़े रास्ते से होकर उनके देश में आ जाएगी। उनका ख्याल कुछ और था कि फौज पेशावर के पास खैबर दर्रे से आएगी या फिर उत्तर के किसी और दर्रे से। यही सोचकर उन्होंने अपनी सारी फौज उधर जमा रखी थी।

मुझे लगता है कि चीफ कमांडर को इसकी भनक लग गई थी। उन्होंने जानबूझकर अपने भरोसेमंद जासूसों से यह खबर फैलवाई कि अंग्रेज़ों की फौज खैबर होकर आएगी। फौज के साहब लोग रास्ते में खुद हैरान थे कि दुश्मन का कहीं अता-पता नहीं। काबुल की ओर किसी दर्रे पर कोई मुकाबले के लिए नहीं आया। पहाड़ी लोग आम तौर पर मैदान में दूर तक नहीं जाना चाहते। किसी काफिले या गाँव पर हमला करना हो तब भी वे

कुछेक मील से आगे नहीं जाते। पहाड़ में पत्थरों के पीछे बैठकर वे अपनी लंबी जेजैल (बंदूक) से गोली चलाते थे। चार सौ गज तक सटीक मार। उसकी गोली हमारी बंदूक की गोली से तीन गुना बड़ी होती थी। छिपकर वार करना उनकी ताकत थी। सामने पड़ने पर मुकाबला नहीं कर पाते थे। एक और फर्क था कि वे एकजुट नहीं थे। फौज की तरह मिलकर नहीं लड़ते थे। सब अलग-अलग।

पहाड़ से दोस्त या दुश्मन जो भी जाए, उस पर हमला होता और लूट लिया जाता। बाहर से आए काफिले वाले देश में घुसने के लिए उन्हें अक्सर घूस देते। इसी राह से अफगानी मेवा, चमड़ा और बाकी सामान जाता है। सही-सलामत निकल जाने के लिए छोटे-मोटे व्यापारी इन लोगों को बड़ी रकमें देते हैं। तब भी एकाध गिरोह ऐसा निकल आता है, जिसे पैसा न मिला हो। काफिला लुट जाता है। कहा जाता है कि यह पहाड़ी लोग काबुल के बादशाह की प्रजा हैं। लेकिन यह बात सिर्फ कहने की है। शाह शुजा बार-बार उन्हें संदेश भेजते हैं कि अंग्रेज उनके दोस्त हैं। इसका कोई असर नहीं होता। उल्टे कई बार वे शुजा के सिपाहियों पर ही हमला कर देते। वे सब बिल्कुल जंगली और खून चूसने वाले लगे। कुछ देर बाद हम लोग कंधार पहुँच गए। यहाँ थोड़ी गर्मी थी लेकिन इतनी नहीं जितनी हिंदुस्तान में होती है। सबसे पहले थोड़ी फौज लेकर स्थानीय सरदार निकले लेकिन सरकारी फौज का लाल कोट देखते ही डरकर भाग गए। अगर वे बोलन दर्रे पर रहे होते और लड़े होते तो हमारी आधी फौज तबाह हो गई होती। दर्रा पार करने में हमें सात-आठ दिन लगे थे।

कूच में इतनी मुश्किल हुई, जितना किसी ने सोचा नहीं था। मैंने पहली बार अफसरों को नाराज देखा। बंबई के चीफ कमांडर और बंगाल के जनरल आपस में लड़ पड़े। बंबई वाला सोचता कि उसकी फौज सबसे अच्छी है। उसके अफसर बंगाल आर्मी को दो कौड़ी का समझते। पक्के सिपाही हम लोगों को टुटपुँजिया कहकर बेइज्जत करते। लाट केन साहब हमारे जनरल से ऊँचे ओहदे पर थे। आर्डर दिया कि कुछ फौज सिंध में छोड़ दी जाए। सिपाहियों की देखभाल और उनका ख्याल रखने में सरकार का काफी नाम था लेकिन इस मामले में लगता था कि दोनों कमांडरों का भेजा खाली है। हम लोग कंधार पहुँचे तब यह बात समझ में आने लगी कि अफगान लोग वास्तव में शाह शुजा को बादशाह नहीं देखना चाहते। इसके

विपरीत शाह शुजा ने हिंदुस्तान में हम लोगों से कहा था कि अफगान बेसब्री से उनका इंतजार कर रहे हैं।

सिपाही लोग पछता रहे थे और उनके मन में फिर डर बैठ गया। उन्हें लगता कि शाह शुजा ने बड़ी-बड़ी बातें करके उन्हें धोखा दिया है। सरकार को गुमराह किया है। शाह शुजा की बात गलत निकल जाने के बाद भी लग रहा था कि हम लोग बच गए, तो इनाम मिलेगा। इस खुशी में, कुड़कुड़ करने के बावजूद, फौज चलती रही। ब्रितानी अफसरों का इसमें योगदान कम नहीं था। कंधार के आसपास हमने उपजाऊ जमीन देखी। बगीचे थे। और फल-फूल वाले पेड़। हमने खाना वहीं एक पेड़ के नीचे बनाया, जिसके पास एक झरना बह रहा था। हम लोगों को बीच-बीच में कभी जौ या थोड़ा आटा और कोई मोटा अनाज मिल जाता। हम जिस इलाके से होकर आए हैं, वह जरूर नर्क रहा होगा। हर तरफ पत्थर। हरे रंग के नाम पर ऊँट की पीठ के सिवा कुछ न दिखता। गिद्ध छोड़कर दूसरा कोई पक्षी नहीं। गिद्ध झुंड बनाकर उड़ते और माल ढोने वाले मरे जानवर या उन सिपाहियों की लाश नोचते, जिनका हम लोग क्रिया-कर्म नहीं कर पाते थे।

वहाँ हम लोगों के पहुँचने से पहले पालतू जानवर कम ही थे। होते भी तो खाते क्या? पूरे रेगिस्तान में सियार पीछे-पीछे चलते। जिसे कुछ खाने को मिल जाता, मोटा दिखता। बाकी सब मरघिल्ले। लकड़ी भी नहीं थी कि कोई हिंदू मर जाए तो अंतिम संस्कार किया जाए। बनारस और गंगामाई तो बहुत दूर। जो मरा उसकी किस्मत में शायद यही लिखा रहता होगा कि वह किसी भूखे सियार के पेट में पड़ेगा। मुझे अब समझ में आया कि सिंधु नदी पार करने की मनाही क्यों की गई। जो सिंधु पार करे उसकी किस्मत तो खराब है ही। मेरा भाग्य इसलिए और ज्यादा फूट गया कि मैंने अपने धर्म के खिलाफ काम किया।

फौज कंधार में घुसी। शाह शुजा-उल-मुल्क गद्दीनशीन हो गए। चारों ओर खुशियाँ मनाई जाने लगीं। शाह की फौज सरकारी फौज से पहले शहर में दाखिल हुई और बहुत जश्न हुआ। शुरू में लगा कि अफगान लोग शाह के लौटने से वास्तव में खुश हैं लेकिन कहा जाता था कि मन ही मन सब उनसे चिढ़ते हैं और सरकार की फौज के डर के मारे चुप हैं। मुझे लगता है कि प्रजा को इस बात से कोई फर्क नहीं पड़ता कि बादशाह कौन है?

सरकार और मुखिया इस बात से चिढ़े हुए थे कि शाह शुजा विलायती फौज साथ लेकर लौटे हैं। उनका कहना था कि शाह ने अंग्रेजों को अफगानिस्तान का रास्ता दिखा दिया और अब वे जल्दी ही मुल्क पर कब्जा कर लेंगे। यहाँ भी वही होगा जो हिंदुस्तान में हुआ है। तरह-तरह के नियम-कानून लागू कर दिए जाएँगे, जिन्हें कोई पसंद नहीं करता। कहते थे कि अगर शाह सिर्फ अपनी फौज लेकर आए होते तो बात और होती। सब ठीक रहता।

बादशाह कुछ दिन कंधार में रहे तो यह साफ पता चलने लगा कि कोई उनकी परवाह नहीं करता। इस बीच लोगों का गुस्सा इस बात से और बढ़ गया कि अंग्रेज फौज हिंदुस्तान नहीं लौट रही है। हिंदुस्तान लौटने को कौन कहे, अंग्रेजों ने, जहाँ पहुँचे, वहीं नई छावनी बना ली। मुझे कंधार में हिंदुस्तान के कई व्यापारी मिले। लेकिन उन्हें यह याद नहीं था कि उनके पुरखे कंधार कब आए थे। हम सब इस बात से थोड़ा हैरान थे लेकिन यह तो उनकी फितरत है—जहाँ पैसा बनाने का मौका मिलेगा, वहीं चले जाएँगे। बाद में मुझे गजनी और काबुल में भी हिंदुस्तानी मिले। मैंने सुना है कि उसमें से कुछ लोग रूसियों के देश तक घुस गए हैं।

❐

अफगानिस्तान में लड़ाई

हम लोग कंधार में कुछ दिन बिना काम-धाम पड़े रहे। मजबूरी थी। रुकना ही पड़ा। फसल कटाई का समय हो रहा था और हम आगे कूच करने से पहले भुट्टा पक जाने का इंतजार कर रहे थे। कंधार की हालत इतनी खराब थी कि वहाँ जरूरत भर का भुट्टा तक नहीं मिल पाता था। व्यापारियों के पास भुट्टा या तो था नहीं, या उन्होंने अपना माल छिपा लिया था। कूच के लिए भुट्टा इकट्ठा करने में हमें बहुत समय लगा।

कंधार सचमुच गरीब शहर था। इतना गरीब कि हिंदुस्तान के छोटे-मोटे कस्बे उससे अच्छे होते। यहाँ के लोग बड़ा घर बनाने की हिम्मत नहीं कर पाते क्योंकि भूकंप बहुत आता है। हिंदुस्तान के मुकाबले बहुत तेज। कंधार में सबसे बड़ी इमारत है अहमदशाह का मकबरा। साहब लोगों ने सोचा था कि यहाँ बड़ी लड़ाई होगी पर वे निराश हुए। सिपाहियों को साफ दिख रहा था कि शाह शुजा ने उनसे बख्शीश का जो वादा किया है, कभी पूरा नहीं होगा। सही मानिए तो शाह शुजा का राजपाट और उनकी बादशाहत केवल कंधार और उसके आसपास के इलाकों तक सीमित थी। अफगानिस्तान के बादशाह तो वह बिल्कुल नहीं थे। मैं कभी नहीं समझ पाया कि सरकार और शाह की फौज वहाँ इतने दिन बिना मतलब क्यों टिकी रही? इससे दोस्त मोहम्मद को तैयारी करने और पहाड़ी लोगों से मदद जुटाने की मोहलत मिल गई। विलायती लोगों के आसपास होने

से सब भड़के हुए थे। उन्हें घुसपैठिया मानते थे। उनसे बार-बार कहा गया कि अंग्रेज अफगानिस्तान जीतने या मुल्क पर कब्जा करने नहीं आए हैं लेकिन उन्हें याद था कि हिंदुस्तान में क्या हुआ था। कभी इस बात पर भरोसा नहीं कर पाए कि अंग्रेज सिर्फ शाह शुजा-उल-मुल्क को गद्दी पर बिठाने आए हैं।

कुछ महीना रुकने के बाद फौज गजनी की ओर चल पड़ी। गजनी कंधार से करीब 280 मील दूर है। वहाँ के लोगों ने शाह शुजा को बादशाह मानने से इनकार कर दिया था। सड़क कई जगह बहुत खराब थी लेकिन पहले वाले कूच के मुकाबले काफी ठीक। लाट केन साहब ने बड़ी तोप वहीं छोड़कर हल्की तोपें ले जाने का फैसला किया तो सब चौंके। हम लोग दर्रे से बड़ी तोप बहुत मुश्किल से खींचकर लाए थे लेकिन लाट साहब ने उसे और फौज के दो-तीन हजार लोगों को कंधार में छोड़ दिया। हम लोग गजनी का किला देखने गए तो पता लगा कि उसे भारी तोप के बिना जीत पाना कठिन है। भेद सकना मुश्किल। किला बहुत मजबूत था। हम शहर के करीब पहुँचे तो दुश्मन बड़ी तैयारी और पूरे जोर से बाहर निकला। खूब गोलाबारी हुई। हमने जल्दी ही उन्हें पीछे धकेल दिया। अफगानिस्तान में यह हमारी पहली लड़ाई थी। गजनी के गवर्नर हैदर अली खान थे और वहाँ के सारे बाशिंदे दोस्त मोहम्मद खान के साथी। सब शाह शुजा के खिलाफ। उन्हें लगता था कि वे किले के अंदर बिल्कुल सुरक्षित हैं। दीवारें काफी ऊँची। घोड़े से खींची जाने वाली छोटी तोप का उस पर शायद ही, या बहुत कम, असर होता।

सरकार और शाह की फौज वहाँ से किला फतह किए बिना निकलने वाली थी कि रात में एक भगोड़े ने हमारी छावनी में आकर कहा कि वह जनरल साहब से मिलना चाहता है। लगता है कि उस आदमी ने जनरल को किले में घुसने का रास्ता बताया। यह आदमी अफगानिस्तान के अमीरों में से किसी एक का लड़का था जिसका बड़े अमीर से झगड़ा हो गया था। किले का चोर दरवाजा बता कर वह अपने पिता से बदला लेना चाहता था। कुछ दिन बाद एक हल्ला पार्टी बनाई गई। फौज को आर्डर हुआ कि वह दुश्मन को चकमा देने के लिए किले पर दूसरी जगह जोरदार गोलाबारी करे और जब गाजियों का ध्यान उधर जाए, तो एक पार्टी कई बोरा बारूद लेकर चोर दरवाजा उड़ा दे।

उस रात बहुत तेज हवा चल रही थी। इतनी धूल कि सारी चीजें काली नजर आतीं। तोपें चलने लगीं तो हमने गाजियों को मशाल लेकर दौड़ते-भागते देखा। जैसे आफत आ गई हो। किले पर जगह-जगह मशालें थीं। जैसे दीवाली हो। थोड़ी देर बाद हवा में कोई चीज जोर से चमकी लेकिन हमें अपनी तोप की आवाज नहीं सुनाई पड़ी। बिगुल बजा और हल्ला पार्टी दौड़कर आगे बढ़ी। पार्टी में तेरह यूरोपीय, सोलह ग्रेनेडियर और हमारी रेजीमेंट की दो कंपनियाँ शामिल थीं। कोई नहीं जानता था कि चोर दरवाजा उड़ा कि नहीं। शाह की फौज थोड़ी देर वहीं रुकी रही। तब आगे बढ़ी, जब बिगुल बजते और गोली चलते इतनी देर हुई कि दिन निकलने को हो आया।

गाजी लोग एकदम राक्षसों की तरह लड़े लेकिन कोई फायदा नहीं हुआ। हम सब बंदूक चलाकर उन्हें पीछे धकेल देते। उस समय किसी को कुछ समझ में नहीं आ रहा था। कुछ लोग कहते कि दरवाजा अभी नहीं टूटा है, जबकि कुछ का मानना था कि हल्ला पार्टी किले में घुस चुकी है। ब्रिगेडियर ने रिजर्व टुकड़ी को रोककर एक अफसर को आगे भेजा। दिन निकला तो हमने किले के भीतर लाल कोट देखे। गाजी लोग दरवाजे के पास चिपके खड़े थे और तलवार लेकर उसकी हिफाजत की कोशिश कर रहे थे। कुछ यूरोपीय कंपनियों को उन्होंने पीछे धकेल दिया लेकिन सिपाहियों की दो कंपनियाँ दरवाजे से निकल गईं। विलायती लोग इतने खुश हुए कि आकर उस रेजीमेंट के एक-एक आदमी से हाथ मिलाया। हमने सुना कि ब्रिगेडियर साहब पर एक गाजी ने हमला किया और वह घायल हो गए। किले पर जल्दी ही कब्जा हो गया लेकिन वहाँ खून की नदी बह रही थी।

उस इलाके के सभी मातबर लोग और महिलाएँ बाहर आईं, उन्होंने जनरल साहब से जानबख्शी की मिन्नत की। गवर्नर हैदर अली का कहीं अता-पता नहीं था। कोई नहीं जानता था कि वह जिंदा भी हैं या नहीं? किले की छानबीन के बाद एक अफसर ने एक आदमी को एक घर में छिपा पाया। अफसर गोली चलाने ही वाला था कि उस आदमी ने अपनी पहचान बताई। वह गवर्नर हैदर अली था। उसे जनरल साहब के सामने लाया गया। जनरल ने उससे बहुत कायदे का व्यवहार किया। हैदर अली ने चीफ कमांडर से बहुत हिम्मत से बात की और कहा कि वह अपने मुल्क और

अमीर के लिए लड़ रहा है। अफगान लोगों ने अंग्रेजों से कभी रार मोल नहीं ली। उनका सवाल यह था कि तब अंग्रेज उनके देश में आकर ऐसे आदमी को बादशाह क्यों बना रहे हैं, जिससे सब नफरत करते हैं। अंग्रेजों के कारण कई अफगान परिवार उजड़ गए। हैदर अली ने जाते-जाते कहा, 'तुम चाहो तो मुझे मार डालो लेकिन अगर तुमने मुझे छोड़ा तो भी मैं तुम्हारा दुश्मन ही रहूँगा। तुम्हें काबुल से भगाने के लिए लोगों को भड़काऊँगा। वह सब करूँगा, जो कर सकता हूँ।'

जनरल साहब गुस्सा नहीं हुए। हैदर अली से कहा कि वह एक बहादुर इंसान है और वे उसकी इज्जत करते हैं। जनरल साहब गवर्नमेंट के मुलाजिम थे और उसी के आर्डर पर काम करते थे। इस लड़ाई में मैंने अंग्रेजों के विचित्र रिवाज फिर देखे। हैदर अली ने किसी राजा या नवाब के सामने इससे आधी बात भी कही होती तो वहीं काट डाला गया होता। यहाँ, इस मामले में बातचीत खुले दरबार में हुई और सारे अफसर वाह-वाह करते रहे। जैसे कोई बहुत अच्छी बात हुई हो। बहुत अजीब बात है। वे आखिर लड़ते ही क्यों हैं? दुश्मन को मारते नहीं, बल्कि पकड़कर छोड़ देते हैं। यह हिसाब-किताब मुझे समझ में नहीं आता। वैसे कम हैरानी की बात यह भी नहीं है कि वह आदमी, हैदर अली, जनरल के सामने इतनी हिम्मत से बोल रहा था लेकिन लड़ाई में घर में छिपा हुआ था।

गजनी बहुत बड़ा कस्बा था। कस्बे के चारों ओर ऊँची-ऊँची दीवारें। एक पहाड़ी पर बना और आसमान को छूता किला। अफगान लोग सोचते थे कि यह किला कभी फतह नहीं हो सकता। पूरी तरह सुरक्षित। किला जंगली पहाड़ी जातियों से तो सुरक्षित था लेकिन सरकार की ताकत और किस्मत का मुकाबला कौन कर सकता है? अमीर का एक लड़का अकबर खान, अंग्रेजों की फौज पर हमले के लिए चला लेकिन आधे रास्ते से यह सुनकर लौट पड़ा कि किला फतह हो गया है। किले पर कब्जे में इतने साहब मरे और घायल हुए, जितने किसी घेराबंदी में नहीं हुए थे। हिंदुस्तानी फौज के बहुत कम लोगों की जान गई। केवल एक सौ अस्सी। हमारी लाम के घुड़सवार दस्ते और शाह की फौज ने लड़ाई में बहुत नाम कमाया। यह लड़ाई 1839 में गर्मी के मौसम में हुई थी।

अंग्रेज सिपाही बहुत दिन अफगानिस्तान में रहे। कुछ साहबों की औरतें बाद में दूसरी फौज के साथ इस देश में आईं। मैं नहीं जानता कि

वे पहुँचीं कैसे? वे भी कम हिम्मती नहीं होतीं। जनरल साहब की औरत वहाँ आई थी और वह असली लड़ाकू मेमसाहब थी। मैं समझ नहीं पाता कि यह सारी औरतें यहाँ आईं कैसे क्योंकि सिपाहियों का कहना था कि उन्होंने जो भी राह पकड़ी, वहाँ लड़ाई हो रही थी। मैंने एक बार एक औरत को दर्रे में टुकड़ी के आगे-आगे चलते देखा था इसलिए मुझे इस पर ज्यादा हैरानी नहीं हुई। पंडित दिलीपराम मुझसे अक्सर कहा करते थे, 'बेटा, औरतों की सलाह पर भरोसा करना चाहिए। वे बर्फ की तरह होती हैं। सुबह एकदम पक्की और ठोस। दिन निकलने पर गल जाती हैं।' दिलीपराम ने यह बात कैसे कही, मैं नहीं जानता क्योंकि वे किसी अंग्रेज मेमसाहब से कभी नहीं मिले थे। अगर अफसर लोग अपनी औरतों की बात जरा भी मान लेते तो बाद में अंग्रेजों को जितनी मुश्किल हुई, न होती।

गजनी में कुछ फौज छोड़कर हमने काबुल के लिए कूच किया। रास्ते में हमें महाराजा रणजीत सिंह की मौत की खबर मिली। कई अफसर इस बात से परेशान हो गए कि आगे क्या होगा। कहा जाता था कि सिख लोग अब अफगानियों से दोस्ती कर लेंगे और सरकार के खिलाफ उनकी मदद करेंगे। अपने इलाके से जाने वाली अंग्रेज फौजों को काट डालेंगे।

❑

अफगानिस्तान बना अफवाहिस्तान

उस समय अफगानिस्तान अफवाहिस्तान बना हुआ था। तरह-तरह की अफवाहें, जो रुकने का नाम नहीं लेती थीं। खबर थी कि अंग्रेजों के पास अकूत पैसा है और उनके एक शहर में इतनी दौलत है, जितनी अफगान लोगों के पूरे मुल्क में न होगी। एक अफवाह यह थी कि अंग्रेजों को कंधार से खदेड़ दिया गया है। उनकी फौज बोलन दर्रे में मारी गई। खबरें यह भी उड़ीं कि अंग्रेज एक लाख सिपाही लेकर बोलन दर्रे के रास्ते आ रहा है। जितने लोग, उतनी बातें। सारी एक-दूसरे से अलग। कभी-कभी विपरीत। हकीकत यह है कि साहब लोगों को खुद सही बात मालूम नहीं थी इसलिए बाजार की अफवाहों को वे गलत या सही नहीं कह पाते थे।

कुछ दिन बाद हरकारे पहुँचे तो जनरल साहब ने हम लोगों को बताया कि दो बड़ी फौजें जल्दी अफगानिस्तान पहुँचने वाली हैं। इससे हम लोगों का हौसला बढ़ गया। हमारे कमांडर लोग नई फौज आने से पहले आगे बढ़ना चाहते थे। उन्हें लगता था कि नए सिपाही आए तो सारी लूट और इनाम-अकराम उन्हें मिल जाएगा। या उसका बँटवारा हो जाएगा। गजनी से काबुल का रास्ता करीब-करीब आठ दिन का था। उत्तर की तरफ। इसी कूच में दोस्त मोहम्मद के एलची हमारी छावनी में आए। साथ में दोस्त मोहम्मद के भाई, नवाब जुबैर खान भी थे। उन्होंने अंग्रेज फौज से अफगानिस्तान छोड़ देने को कहा। कहकर लौट गए। ठीक से बताने-समझाने की

कोशिश नहीं की। यह बात बहुत मजेदार थी कि लोग कैसी-कैसी बेवकूफी वाली बात लेकर हमारी छावनी में आते थे। हैरानी यह थी कि उनके मन में डर जैसी कोई चीज नहीं थी। और वे अंग्रेजों की बात पर भरोसा करते थे।

नवाब के जाने के तीन दिन बाद हमें खबर मिली कि अमीर दोस्त मोहम्मद के सब संगी-साथी उन्हें छोड़कर भाग गए। उन्हें ढूँढ़ने के लिए लुक्कारा टुकड़ी बनाई गई। अफसरों को यकीन था कि दोस्त मोहम्मद पकड़ा जाएगा। लुक्कारा टुकड़ी के साथ हाजी खान खौकर नाम का एक अफगान था। कहता था कि वह अमीर दोस्त मोहम्मद की सारी बातें जानता है और यह भी जानता है कि वे किधर गए हैं। उसने हम सबको वहाँ पहुँचाने का वादा किया, जहाँ अमीर छिपे थे। हमने कई डबल मार्च किए और कई जगह खौक़र के कहने से रुके लेकिन जब तक हम पहुँचते, अमीर वहाँ से पहाड़ी रास्ते से निकल जाता। एक दिन फौज को पता चला कि वह काबुल से बाहर चला गया। छिपने की जगह पर हमें अमीर की छावनी और तोपें मिलीं। शाह शुजा को दोस्त मोहम्मद के भाग जाने की खबर मिली तो वे खौकर को विश्वासघाती कहने लगे। कहा कि उसको मार डाला जाए। अंग्रेजों ने यह मानने से इनकार कर दिया। खौकर को गिरफ्तार करके हिंदुस्तान भेज दिया गया।

फौज ज्यादा लड़ाई-भिड़ाई के बिना काबुल में घुस गई और शाह को राजा बना दिया गया। इसमें अधिक मुश्किल नहीं हुई। कंधार की तरह यहाँ भी प्रजा जश्न में शामिल नहीं हुई। जो लोग खुशी में नाच-कूद रहे थे, ज्यादातर शाह के अपने सिपाही और दरबारी थे। आम लोग इससे अलग रहे। साफ लग रहा था कि प्रजा का मन अमीर के साथ है, शाह के साथ नहीं।

गजनी में काफी लोग पकड़े गए थे और उसमें कई अफगान सरदार भी थे। इसमें से कई लोगों को शाह शुजा ने खुले दरबार में मरवा दिया। लोग शाह से पहले से चिढ़े हुए थे, इस घटना के बाद अंग्रेज अफसर भी उससे नाराज हो गए। लाट मकनातन साहब ने अपनी नाराजगी छिपाई नहीं। शाह से दो टूक शब्दों में कह दिया कि अगर ऐसी घटना दोबारा हुई तो अंग्रेज फौज वहाँ से हट जाएगी। बाद के हालत की जिम्मेदारी उसकी नहीं होगी। फौज वहाँ से हटी होती तो अच्छा हुआ होता क्योंकि दोस्त मोहम्मद

को खदेड़ दिया गया था और शाह शुजा गद्दीनशीन हो चुके थे। वैसे यह बात वहाँ काफी फैली हुई थी और सभी जानते थे कि जैसे विलायती फौज हटी, हंगामा हो जाएगा। शाह शुजा और उनके लोग इस बात से बहुत डरे हुए थे। मुझे लगता है कि इसी डर से उन्होंने सरकार से कुछ वादा-सौदा किया होगा कि अंग्रेज अपनी फौज वहाँ रखने पर तैयार हो गए। काबुल के बाजार में एक-एक आदमी कहता कि शाह तभी तक गद्दी पर रह सकते हैं, जब तक उन्हें बचाने के लिए लाल कोट वाले सिपाही वहाँ हैं।

काबुल में फौज अपनी छावनी में चली गई। कुछ अफसर खाली पड़े अफगान घरों में जाकर रहने लगे और कुछ ने शहर के बाहर के घरों पर कब्जा किया। जिंदगी एक बार फिर करीब-करीब वैसी ही हो गई, जैसी हिंदुस्तान में थी। कुछ दिन बाद कड़ाके की ठंड पड़ी। ऐसी ठंड हिंदुस्तान में कभी नहीं पड़ती। सिपाहियों का हाल सबसे खराब था। वे हाथ-पैर हिलाना भूल गए और खून जमकर थक्का हो गया। बदन अकड़ गए। अंग्रेज अफसरों पर ज्यादा फर्क नहीं पड़ा लेकिन कई लोगों को जुरपित्ती हो गई। तेज बुखार के साथ बदन पर दाने निकल आए। कुछ को ठंड से होने वाली दूसरी बीमारियों ने जकड़ लिया। इतनी बर्फ गिरी कि आदमी खो जाए। बाजार में सामान महँगा हो गया। फौज में जितने हिंदू थे, नहाने की हिम्मत नहीं कर पा रहे थे। नहाते तो जान चली जाती। हम लोगों को आराम नहीं मिला। न ही इनाम-अकराम, जिसका वादा करके शाह शुजा हम लोगों को हिंदुस्तान से यहाँ लाए थे। ठंड के मौसम से पहले बंबई फौज की कई रेजीमेंट बलूचिस्तान भेज दी गईं। मुझे लगता है कि वे सब जगदलक और खैबर दर्रा होकर गए क्योंकि वह रास्ता छोटा था और रास्ते में कोई रेगिस्तान नहीं था। इतना डर जरूर था कि सिख फौज कहीं हमला न कर दे हालाँकि सिखों को पता था कि उनकी सरकार अंग्रेजों की दोस्त है। हमारी फौज अब थोड़ी रह गई। इसके बावजूद लंबे समय तक कोई गड़बड़ी नहीं हुई।

अफगान लोग इस बात से जल्दी ही चिड़चिड़ा गए कि उनके देश पर अंग्रेजों का कब्जा है। शिकायत करते कि अंग्रेज अपनी बात पर कायम नहीं रहे और हिंदुस्तान नहीं लौट रहे हैं। लाट मकनातन साहब की बात नहीं मान रहे, जिन्होंने कहा था कि शाह शुजा को गद्दी पर बिठाने के बाद वे हिंदुस्तान लौट जाएँगे। सबको दिख रहा था कि शाह शुजा बादशाह की

गद्दी पर बैठ गए हैं, लेकिन अंग्रेज फौज वहीं डटी है। मकनातन साहब ने उन्हें समझाया कि ज्यादातर फौज वापस चली गई है पर अफगान सरदार कहते कि जब तक विलायती फौज उनके मुल्क में है, यही माना जाएगा कि मुल्क पर अंग्रेजों का कब्जा है। अंग्रेजों ने उनसे कहा कि सरकार अफगान लोगों को अपना दुश्मन नहीं मानती और केवल उनके खिलाफ है, जिन्होंने शाह शुजा की गद्दी हड़पी थी। अफगान कहते रहे कि अपने देश पर उनका हक होना चाहिए—वे जिसे चाहें, बादशाह मानें। इसे लेकर सरकार और सरदारों में बहुत दिनों तक झगड़ा चलता रहा।

सारे झगड़े के बावजूद कई अफगान, खास तौर पर बड़े और दौलतमंद लोग, साहब लोगों के दोस्त हो गए। ऊँचे घराने की अफगान औरतें छावनी तक आने लगीं। इस देश में औरतें खूब मोटा बुरका ओढ़कर चलती हैं। इसमें से उन्हें सब दिखाई देता है लेकिन उन्हें कोई देख नहीं पाता। साहब लोग शहर में ही रहते इसलिए इन औरतों के आने जाने पर तरह-तरह की बातें होतीं। लगता है कि वे औरतें विलायती लोगों को पसंद करती थीं क्योंकि उनकी चमड़ी गोरी थी। काबुल में औरतें गोरी होती हैं और गोरी चमड़ी वाले को सुंदर माना जाता है। जो औरत जितनी गोरी हो, उतनी ही सुंदर। इस वजह से भी कुछ स्थानीय लोग जले-भुने थे और इसी चक्कर में कई अफसरों पर गोली चली, कई को छुरा मारा गया। लोग कहते कि यह औरतें अपने आदमियों के कहने पर छावनी आती हैं। उनके मर्द खोज-खबर लेने के लिए उन्हें भेजते हैं। लेकिन बाजार में लोग खुल्लमखुल्ला कहने लगे थे कि वे किसी और काम से अफसरों के पास जाती हैं। मुझे लगता है कि पहली वाली बात ज्यादा सही है क्योंकि औरतों के छावनी आने और अफसरों के घर जाने को ढकने या छिपाने की कोशिश कभी नहीं की गई। हम सब इस बात से बहुत हैरान होते कि एक ओर, बाजार में, अफगान अंग्रेजों को काफिर कहते और दूसरी ओर यह बात-व्यापार चलता। औरतों का खेल कोई नहीं समझ सकता। हो सकता है शुरू में उन्हें सरकार के अंदर की बात पता लगाने के लिए भेजा गया हो लेकिन बाद में अंदर-अंदर सभी कहने लगे थे कि असली बात कुछ और है।

इस दौरान अंग्रेजों ने कई अफगान रेजीमेंट खड़ी कर दीं। अफगान लोग उसमें भर्ती होने लगे। सबने सुना था कि फौज में तनख्वाह नियम से मिलती है। इसका असर काफी हुआ। हमारी यानी कि शाह की फौज के

एक कप्तान को उस रेजीमेंट का कमांडर बनाया गया। तब तक यह सुनाई पड़ा कि अमीर दोस्त मोहम्मद खान बुखारा चला गया और वहाँ उसे पकड़ लिया गया। बाद में हमने सुना कि दोस्त मोहम्मद फरार हो गया है और फौज लेकर अंग्रेजों से लड़ने आ रहा है। फौज की एक टुकड़ी उस पर हमला करने के लिए भेजी गई। उनकी लड़ाई सैगान में हुई।

अफगान रेजीमेंट, जो नई-नई बनी थी, लड़ने से पीछे हट गई। उसने न सिर्फ लड़ने से मना किया बल्कि धमकी दी कि अगर उसे जबर्दस्ती लड़ाई में झोंका गया तो वह अपने अफसरों को मार डालेगी। इसके बावजूद अंग्रेज लोगों ने अमीर को हरा दिया लेकिन वह एक बार फिर बच निकला। इस लड़ाई में दोस्त मोहम्मद के संगी-साथी बिखर गए और बस मुट्ठी भर लोग उसके पास रह गए। बाद में एकाध छिटपुट लड़ाई में अंग्रेज हारे पर इससे दोस्त मोहम्मद को कोई फायदा नहीं हुआ। इस बीच सरकार की और फौजें काबुल पहुँच गईं। शाह शुजा और अंग्रेज लोग दोस्त मोहम्मद को बड़ा दुश्मन मानते थे लेकिन एक दिन वे हैरान रह गए। उन्हें ऐसी उम्मीद नहीं थी। दोस्त ने अपने बेटे के साथ काबुल आकर समर्पण कर दिया। उसे हिंदुस्तान भेज दिया गया। कलकत्ता की जेल में।

❐

टेसुआ बहाते साहब

दुश्मन का सफाया हो जाने पर शाह शुजा के दरबार में भारी जश्न हुआ लेकिन ऐसा आदमी बादशाहत कैसे कर सकता है, जिससे उसकी प्रजा चिढ़ती हो। अफगान लोग मानते थे कि अंग्रेज शाह शुजा के दोस्त हैं इसलिए दोस्त मोहम्मद को मारा गया। उनके मन में था कि अंग्रेज लोग दोस्त मोहम्मद को मार डालने के लिए हिंदुस्तान ले गए हैं। काबुल में उनको मारने से डरते हैं। शाह शुजा से चिढ़ने वाले बाकी सरदारों ने यह सुना तो डर गए कि कहीं उन्हें पकड़कर देश निकाला न दे दिया जाए। उनकी बेचैनी और बढ़ गई। सरदार लोगों ने पहाड़ी जंगल जातियों को यह कहकर बहुत भड़काया कि अब वे सब अंग्रेजों के गुलाम हो जाएँगे। कई जगह और कई दफा लोगों ने हथियार उठाए पर उन्हें ठंडा कर दिया गया। अफगान लोग लाल कोट की गोली से बहुत डरते थे।

अंग्रेजों के काबुल में आने के दो साल बाद शहर में पहली बार भारी गड़बड़ी हुई। शुरू में थोड़े अफगान इसमें शामिल थे और उन्होंने एक अफसर, बर्नस साहब, का घर घेर लिया और उसमें आग लगा दी। बर्नस छोटी खिड़की से बागीचे की ओर कूद कर भागे लेकिन एक अफगान नौकर ने उन्हें काट डाला। दो-तीन और अंग्रेज अफसर मारे गए। यह खबर फैलते ही कि बर्नस साहब मारे गए, भीड़ इकट्ठा हो गई और शहर भर में मार-काट होने लगी। सब इतनी जल्दी हुआ कि अफसर लोग भौचक रह गए। अफसरों में कुछ शहर

में रहते थे और कुछ दो मील दूर, बादशाह बाग के पास। अंग्रेज अपनी पकड़ बनाए रहे लेकिन रोज नए-नए लोग आकर दंगों में शामिल हो जाते। इसका असर शाह के दरबार में भी दिखाई पड़ने लगा।

इसके बाद अंग्रेजों की किस्मत फूटी और उन पर मुसीबत टूट पड़ी। दुश्मन ने उनका सारा सामान लूट लिया और जला डाला। इससे फौज के लोग निराश हो गए। ठंड इतनी थी कि सिपाही वैसे ही बेकार हो गए थे। उसी समय अफवाह उड़ी कि दोस्त मोहम्मद का बेटा, अकबर खान, अपनी फौज लेकर आ गया है। वह खुद आगे-आगे चल रहा है। लड़ाई रोज होती थी लेकिन विलायती सिपाही अब पहले की तरह नहीं लड़ पा रहे थे। उन्हें खाना नहीं मिल रहा था। एकदम बुझे-बुझे थे। दुश्मन हर तरफ था। उसे खदेड़ने की कई बार कोशिश हुई। एकाध बार हम उन्हें पीछे धकेल ले गए लेकिन उसमें भी अंग्रेजों का भारी नुकसान हुआ।

हमारी रेजीमेंट बेहमरू की लड़ाई में थी लेकिन भारी नुकसान उठाने के बाद उसे पीछे हटना पड़ा। सबकी हालत डरपोक भगेडुओं की तरह थी। उन्होंने इस तरह की लड़ाई पहले कभी नहीं लड़ी थी। पछता रहे थे कि उन्हें अफगानिस्तान आना पड़ा। छावनी में तोप-गोले की आवाज सुन-सुन कर सब ऊब गए थे। रोज दिन-रात गोला चलता और दुश्मनों की तादाद बढ़ती जाती। हजारों नए लोग। हमारे पास जितनी बंदूकें थीं, उनके पास उससे अधिक तमंचे। वे गोली की मार नहीं झेल पाते थे लेकिन दीवार और घर के पीछे छिपकर बच जाते। उनकी गोलियों से हम लोगों को मुश्किल होती। हम उन्हें बार-बार काबुल के आस-पास के पहाड़ों पर खदेड़ देते लेकिन फौजी जैसे हटते, वे फिर आकर डट जाते।

अफगान लोग भेड़ की खाल का लबादा पहनते, जिसे निमची या पोस्तीन कहा जाता। इस पर तलवार का असर नहीं होता था। कई बार उसमें गोली भी नहीं घुस पाती। उनमें कुछ लोग बेदुरनी जात के थे, जिनके बारे में मशहूर था कि कोई उनका कुछ नहीं बिगाड़ सकता। एक दिन मैंने देखा कि उनके घुड़सवार उस खंदक से बीसेक गज दूर हैं, जहाँ हमारी एक रेजीमेंट बैठी थी। अफसर लोगों ने सिपाहियों को गोली चलाने से मना कर दिया और फिर पूरी रेजीमेंट एक साथ बाहर निकली और ताबड़तोड़ गोली चलाने लगी। इसके बावजूद तीन-चार घोड़े बिना सवार लौटे। सिपाही इससे और दुःखी हो गए। जैसे-जैसे जाड़ा बढ़ा, सब असहाय होते गए।

लोग अपने हाथ और पैर की उँगली तक नहीं हिला पाते थे। बेहिसाब दर्द। उँगलियाँ कट-कट कर गिरने लगीं। पूरी फौज की हालत खराब थी। खाना ठीक नहीं मिलता था। रोज-रोज की लड़ाई। फौज बेतरह थक गई थी, टूट गई थी।

जैसा मैंने पहले कहा, हमारी फौज दो जगह थी और इससे उसकी ताकत बहुत कम हो गई थी। बादशाह बाग पर दुश्मन का कब्जा था और हमें वहीं से तंग करता। बाग पर कब्जे की कई बार कोशिश हुई लेकिन कामयाबी नहीं मिली। उल्टे हर बार बहुत लोग मारे गए। फौज अब और नुकसान सहने की स्थिति में नहीं थी। गजनी और कंधार खबर भेजी गई कि सरकार और शाह की फौज जल्दी आए। लेकिन शायद हरकारे रास्ते में ही मार डाले गए। दो अफसर भाग कर किसी तरह काबुल पहुँचे। हालत और बिगड़ी। सब सोच रहे थे कि अफगानिस्तान में सरकार का अंत शायद इसी तरह लिखा है।

उसी समय एक बात ऐसी हुई, जो मैंने पहले कभी देखी-सुनी नहीं थी। सरदारों ने सरकारी फौज को एक रुक्का भेजा। उसमें कई बातें लिखी थीं। लिखा था कि अंग्रेजों की फौज उनके कब्जे में है और वे जब चाहें, उसे खत्म कर सकते हैं। अगर फौज अफगानिस्तान से तुरंत निकल जाए तो वे मार-काट नहीं करेंगे। यह पता चलने के बाद मैंने कई साहबों को टेसुआ बहाते देखा। इस बेइज्जती के लिए वे अपने नेता और जनरल साहबों को जिम्मेदार मानते थे। कहते कि उनके लीडर लोग सठिया गए हैं और किसी काम के नहीं हैं। लड़ाई कुछ दिन के लिए रुक गई और इस बीच दुश्मन ने अपने कई आदमी हमारी छावनी में भेजे। तरह-तरह की अफवाहें उड़तीं और उड़ाई जातीं। एक अफवाह यह कि फौज तुरंत हट जाएगी और हथियार डाल देगी। एक यह भी कि इसके बाद भी लड़ाई जारी रहेगी। बातचीत से कुछ नहीं हुआ और लड़ाई फिर भड़की। इस बार ज्यादा जोर से।

बहुत बाद में मकनातन साहब ने आदमी भेजकर कहलवाया कि वह अफगानियों की सारी शर्तें मानने को तैयार हैं। संदेश मिलने पर अकबर खान बातचीत के लिए खुद छावनी आया। जल्दी ही यह बात सबको पता चल गई कि लाट साहब और जनरल साहब उन लोगों को छोड़ने को तैयार हैं, जिन्हें पहले पकड़ा गया था। दो-तीन दिन बाद फौज बाला हिसार से

निकलकर छावनी में आ गई। अफगान सरदारों ने गोली नहीं चलाई। उस समय मेमसाहब लोगों ने असली हिम्मत दिखाई। वे पकड़े गए लोगों की रिहाई के खिलाफ थीं पर उनकी बात नहीं मानी गई। बाद में छावनी में मौजूद साहबों की औरतें अपने-अपने आदमी के साथ अफगानी जेल में चली गईं। अफगान सरदारों ने फौज को खाने-पीने का सामान और घोड़ा-गाड़ी देने का वादा किया लेकिन मिला कुछ नहीं। फौज बहुत दिन तक खस्ता हालत में वहाँ रही। इस बीच अफगान लोगों ने रसद रोकने के अलावा उन्हें तंग नहीं किया। खाने-पीने की चीजें हद से ज्यादा महँगी थीं। सब मुश्किल में थे। खास तौर पर यूरोपीय। उन्हें सूखे मेवे और भुट्टे के अलावा कुछ हासिल न था।

एक दिन बड़े साहब अपने एडीसी के साथ सरदारों से बात कर रहे थे कि खबर मिली कि अकबर खान ने मकनातन साहब को मार डाला। बाहर ऐसा शोरगुल, जैसे तूफान आ गया हो। छावनी पर गोलियाँ चलने लगीं। लाट साहब के मारे जाने की खबर सही थी। अब दोनों बड़े साहब हमारे बीच नहीं थे। जनरल इसका बदला लेना चाहते थे लेकिन अफसर तैयार नहीं थे। उनका कहना था कि फौज बहुत कमजोर है, लड़ नहीं सकती। वैसे मुझे लगता था कि पीछे हटते हुए मारे जाने से तो यही अच्छा है कि आदमी लड़ते हुए मरे। किसी को कुछ समझ में नहीं आ रहा था। होश उड़े हुए थे। उसी समय अफवाह उड़ी कि शाह शुजा अफगान सरदारों से मिल गए हैं। अंग्रेजों के खिलाफ हो गए हैं। हालत इतनी खराब थी कि वे अंग्रेजों के दोस्त होकर रह ही नहीं सकते थे।

जाड़े का दिन था। चार-चार फुट बर्फ। रास्ते बंद। उसी में फौज ने पीछे हटना शुरू किया। काबुल से निकलने के पहले दिन अफगान लोगों ने कोई गड़बड़ नहीं की। दूसरा दिन भी शांति से बीत गया। तीसरे दिन फौज, उसके पीछे चलने वाले और उनका सारा सामान-सक्कड़ एक जगह इकट्ठा हो गया और भारी अफरा-तफरा मच गई। अफगानियों ने यह देखा तो हमें फिर तंग करने लगे। हमले शुरू हो गए। वे पहाड़ के पीछे से हम पर गोली चलाते। हमारा हाल ऐसा था जैसे किसी ने हथकड़ी पहना दी हो। अकबर खान खुद हम लोगों के पीछे पड़ा था। शिकायत की तो उसने यह कहकर पल्ला झाड़ लिया कि सब उसकी मर्जी के खिलाफ हो रहा है। यह भी कहा कि गिलजई उसके नियंत्रण में नहीं है। कहा कि फौज के और

लोग उसके कब्जे में दे दिए जाएँ। अफसर लोगों ने चुपचाप यह बात मंजूर कर ली।

मैं समझ नहीं पाया कि अफसरों ने अकबर खान की बात क्यों मान ली। जैसा मैंने पहले कहा, शायद उनकी मति मारी गई थी। बचे-खुचे अफसर अफगानियों के कब्जे में गए तो हमारा कोई लीडर बचा ही नहीं। एक साहब का जाना ऐसा था जैसे दो सौ आदमी चले गए हों। अंत में अफगान लोगों ने कहा कि वे अंग्रेजी फौज की हिफाजत उसी सूरत में करेंगे कि खुद जनरल साहब को उनके हवाले कर दिया जाए। जनरल साहब जाने को तैयार हो गए। इससे सब हैरान थे। बर्नस और मकनातन का हाल जानते हुए भी वह पता नहीं क्या सोच कर अफगानियों के पास गए। जनरल साहब के जाने के बाद सब हड़बड़ा गए। कोई किसी की बात न सुनता। इस हबड़-तबड़ में अफगानियों ने फौज के तमाम और आदमी मार डाले। कई सिपाही और बाजार वाले जान बचाने के लिए दुश्मन के खेमे में चले गए। मेरी रेजीमेंट का सफाया हो गया था और मैं एक विलायती रेजीमेंट के साथ नत्थी हो गया। लगा कि उनके साथ रहने पर जान बच जाएगी। इस घटिया देश से बाहर निकलने का मौका मिल जाएगा। लेकिन होनी को कौन टाल सकता है। रास्ते भर हम लोग लड़ते गए, मरते गए। हमला कभी आगे से होता, कभी पीछे से और कभी पहाड़ के ऊपर से। रौरव नर्क। बता नहीं सकता कि क्या हाल था। चलते-चलते ऐसी जगह पहुँचे जहाँ बड़े पत्थर थे। उससे रास्ता रोकने की कोशिश की। पत्थर धकेलने में कई लोगों की जान चली गई। वे लड़े लेकिन दुश्मन संख्या में बहुत ज्यादा था।

❐

जब मैं गुलाम बना

लड़ाई में मेरे सिर पर जेजैल का गोला गिरा और मैं लुढ़क गया। इसके बाद मुझे कुछ याद नहीं। होश आया तो देखा कि मैं एक घोड़े की पीठ पर बँधा हूँ और घोड़ा लड़ाई के मैदान से दूर, काबुल की ओर भागा जा रहा है। लगा कि वे मुझे बेचने के लिए ले जा रहे हैं। उनसे बहुत विनती की कि मुझे गोली मार दें या गला काट दें। बेचने पर आगे न जाने क्या हो? उन्हें पश्तो और अवधी में खूब गालियाँ दीं। कुछ लोगों ने अपनी तलवारें निकालीं लेकिन वे मुझे बोलने से नहीं रोक पाए। मरने का डर मेरे मन से खत्म हो गया था। लेकिन एक धमकी का असर पड़ा। उन्होंने मुझसे कहा कि अगर मैं चुप नहीं हुआ तो वे मुझे खड़े-खड़े मुसलमान बना देंगे। रास्ते भर मैं तबाही-बर्बादी देखता गया। बर्फ में हाथ-पैर कटे पड़े थे। कहीं हिंदुस्तानी, कहीं विलायती। आधा धँसे हुए। घोड़े और ऊँट मरे अकड़े पड़े। यह सब मैं अपनी जिंदगी में कभी नहीं भूलूँगा।

जिन अफगान लोगों ने मुझे पकड़ा था, समझ गए थे कि मैं मरना चाहता हूँ। उनका दिल कुछ पसीज गया। मुझे घोड़े से उतारकर ऊँट के झाबे में बाँध दिया। वह भी खराब ही था लेकिन घोड़े की पीठ पर उल्टा लटकने से बेहतर। एक अफगान लड़ाके ने कुछ सोचकर मेरे घाव पर बर्फ रगड़ी। इससे दर्द कुछ कम हो गया। जेजैल का गोला अंदर नहीं घुसा था, चमड़ी छीलता हुआ निकल गया था। चार-पाँच दिन में काबुल पहुँचने पर मुझे अफगानियों का कपड़ा

पहनाया गया और बाजार में गुलाम की तरह बेच दिया गया। अमीर अफगान लोग हिंदुस्तानी नौकर पसंद करते थे। बड़े अमीरों के घर में कई-कई नौकर रहते थे। ज्यादातर हिंदुस्तानी। मैं देखने में हट्टा-कट्टा और खूबसूरत जवान था। 240 रुपए में बिका। मुझे खरीदने वाले अमीर का नाम उस्मान बेग था। जिस समय मेरी बोली लगी, उसी समय कई हिंदुस्तानी और विलायती सिपाही भी बाजार में बिकने के लिए आए थे। विलायती सिपाहियों का इस्तेमाल अफगान लोग अपनी फौज को लड़ाई सिखाने के लिए करते थे। उन्हें सिराज दारू की बोतल दी जाती थी। वे अपनी किस्मत को हम लोगों जितना नहीं कोसते थे।

विलायती लोगों में मैंने एक साहब भी देखा। वह पहले कंपनी बहादुर की फौज में था। उसने मुझसे बात की और कहा कि सरकार बहुत बड़ी फौज भेजने वाली है। यह मुल्क फिर जीत लिया जाएगा। यह भी कहा कि अगर हम लोग जिंदा रह गए तो बचा लिए जाएँगे। जहाँ तक मुझे याद आता है उसने अपना नाम वॉलन बताया। हो सकता है मुझे उसका ठीक नाम याद न हो लेकिन यह बात सोलह आने सही है कि उसकी बात से बहुत सहारा हुआ।

नए मालिक ने मुझे ठीक-ठाक रखा। तकलीफ नहीं दी। सिवाय इसके कि बीच-बीच में एक धमकी मिल जाती। यह कि अगर मैंने उसकी बात नहीं मानी या भागने की कोशिश की तो मुझे हिजड़ा बनाकर किसी हरम में काम करने के लिए भेज दिया जाएगा। अगर वॉलन साहब की बात का आसरा न होता, तो मैंने बहुत पहले अपनी जान खुद ले ली होती। मैं सोचता रहता कि एक दिन यह बात सही हो जाएगी और हम सब यहाँ से निकल जाएँगे। मुझे एक मौलवी मोहम्मद सूफी के साथ रखा गया। शुरू में वह मुझसे चिढ़ता और काफिर कहता लेकिन जब उसने मुझे उसकी टेढ़ी-मेढ़ी भाषा सीखने की मशक्कत करते देखा तो उसका मन बदल गया। तरह-तरह से मुझे मुसलमान बनाने की कोशिश करने लगा।

मैं मुसलमान नहीं बना। अपनी फूटी किस्मत लिए जूझता रहा। शुरू में मेरा काम मालिक का हुक्का भरना था। मैं खुश था। क्योंकि कई लोगों को इससे भी खराब काम दिया गया था। उस्मान बेग को पता चला कि मैं पढ़ा-लिखा हूँ। बही-खाता लिख सकता हूँ। उसने मुझे अपना हिसाब-किताब देखने का हुक्म दिया। इससे उसके कुनबे में मेरी इज्जत बढ़ गई।

विलायती फौज के एकदम तबाह हो जाने की खबर मिलने के बाद शहर भर में जश्न हुआ। हालात बदलते देखकर शाह शुजा अमीरों के साथ हो गए। तब भी बहुत से लोग उन पर शक करते। काबुल के लोग उनसे चिढ़े हुए थे कि अपनी गद्दी पाने के लिए वह बाहर की फौज लेकर आए, जिससे बहुत बर्बादी हुई। शाह शुजा बाला हिसार में अपने महल में रहे और बादशाह बने रहे। उनका राज-पाट कम ही दिन चला। एक रोज सरदार से मिलने जा रहे थे कि किसी बरकजई ने उन पर गोली दाग दी। कटे पेड़ की तरह गिर पड़े। उनकी जगह सरदार फतहजंग को गद्दी मिली। अमीर अकबर खान कुछ ही दिन में अपनी फौज के साथ काबुल पहुँच गया और उन्हें शहर से खदेड़ दिया। कहा जाता था कि फतहजंग भाग कर अंग्रेज फौज के पास चले गए, जो उस समय अफगानिस्तान में घुस रही थी।

काबुल में बंद साहब लोगों से मिलने की मैंने कई बार कोशिश की लेकिन उधर बहुत कड़ा पहरा था। बस एक बार मैं पाँच साहब और तीन मेमसाहब को देख पाया। उन्हें शहर में एक छोटे-से घर में रखा गया था। मैं कुछ कर नहीं पाया। उनसे सिर्फ इतना कहा कि मैंने अंग्रेजी फौज के देश में आ पहुँचने की खबर सुनी है। उन लोगों ने राहत की साँस ली। मैं उनसे यह वादा करके लौट आया कि फौज नजदीक आई तो उन्हें खबर कर दूँगा। एक अफसर ने बताया कि उसे रोज धमकी दी जाती है। मुल्क से बाहर ले जाकर गुलाम की तरह बेच देने की। बहुत डरा हुआ था और बोला कि कहीं ऐसा फौज के काबुल पहुँचने के पहले न हो जाए। उसकी परेशानी का एक कारण यह भी था कि जब-तब उस घर के पास भीड़ जुट जाती और सब मिलकर उसे गालियाँ देते।

अफसर ने जनरल एलफिंटन साहब के बारे में बहुत पूछा। मुझे कुछ पता नहीं था। एलफिंटन को शायद शहर से बाहर कहीं रखा गया था क्योंकि मुझे उनके बारे में कभी पता नहीं चल पाया। उस घर की तरफ मैं शाम को यह बहाना करके गया था कि अमीर ने मुझे तंबाकू लेकर भेजा है। लौटने पर इतनी पूछताछ हुई कि दोबारा उधर जाने की हिम्मत नहीं जुटा पाया। खैर मनाई कि जान बच गई।

अंग्रेज फौज के अफगानिस्तान पहुँचने की बात अब रोज-रोज होने लगी। खबर थी कि सरकार की फौज दर्रे से निकल आई है और लाखों लोग अफगानिस्तान पर कब्जे के लिए आगे बढ़ रहे हैं। अब शहर में डर

बैठने लगा। सब पछता रहे थे कि उन्होंने इतनी मार-काट की। डर के मारे उन्होंने सारी ज्यादतियों का दोष गाजियों के सिर मढ़ दिया। कई अमीरों ने शहर छोड़ दिया। एक बार मैंने अपने मालिक को वहाँ बंद अंग्रेजों के बारे में बताना चाहा। कहा कि अगर वे मदद करें तो बाद में अंग्रेज उन्हें इनाम देंगे। वह भड़क गया और मोटी-मोटी गालियाँ देने लगा। हरम में भेजने वाली धमकी फिर दी। वैसे तो मैं अफगान लोगों जैसे कपड़े पहनता था लेकिन बोली से हर बार पकड़ा जाता। इसलिए दोबारा अफसरों के पास नहीं गया। किसी को घूस देने के लिए मेरे पास रकम नहीं थी। फिर भी मैंने एक लड़के को पटाने की कोशिश की, जो मालिक के घर गोश्त लाता था। मैंने कई बार उसे अपने दोस्तों से बात करते सुना था। उसने एक बार कहा था कि वह कलकत्ता जाकर फिरंगियों की दुनिया देखना चाहता है। यह भी कहा कि जब उसके पास पैसा हो जाएगा, वह किसी काफिले के साथ हिंदुस्तान जाएगा।

दोस्ती होने के बाद मैंने फारसी अक्षरों में हिंदी में एक चिट्ठी लिखकर उस लड़के को दे दी। साहब लोगों तक पहुँचाने के लिए। लड़के से मैं फिर कभी नहीं मिला। पता नहीं कि चिट्ठी साहब लोगों तक पहुँची भी कि नहीं? एक मुश्किल और थी। कि अगर चिट्ठी उन्हें मिली भी तो वे समझ पाए या नहीं कि उसमें क्या लिखा है। मैंने अपनी खबर के मुताबिक लिखा था कि अंग्रेजों की फौज दस दिन में काबुल पहुँचने वाली है। फौज करीब आने लगी तो सब डरे। मेरे मालिक ने शहर से भाग जाने का फैसला किया। मैंने उसे विलायती लोगों के रीति-रिवाज के बारे में बताने की कोशिश की। कहा कि उन्होंने अंग्रेजों का कोई नुकसान नहीं किया है इसलिए फिरंगी उन्हें कुछ नहीं कहेंगे। मालिक ने मेरी बात नहीं मानी। डर के मारे शहर छोड़कर भाग गए।

मेरे ऊपर बहुत कड़ी नजर रखी जाती थी। भागना मुश्किल था। मालिक अपने परिवार के साथ एस्तालिफ गए तो मुझे लगा कि अब कभी आजाद नहीं हो पाऊँगा। एस्तालिफ पहाड़ के किनारे था। चारों ओर ऊँची-ऊँची चट्टानें। पहुँचना मुश्किल। हर तरफ मोटी दीवार और पहरे वाली मीनारें। अफगानी सोचते थे कि सब एक साथ हो जाएँ तब भी वे एस्तालिफ को बचा ले जाएँगे। हो सकता है उनकी बात सही हो लेकिन अंग्रेज सिपाही के आगे कौन ठहरता। कुछ दिन बाद मैंने सुना कि काबुल,

गजनी और कंधार पर कब्जा हो गया। मेरे मालिक ने भी खबर सुनी, वह और डर गया। पहाड़ पर और ऊपर सेरकूदो चला गया। रास्ते में सुनाई पड़ा कि अंग्रेजों ने एस्तालिफ में बहुत मार-काट की और अफगान वहाँ से भाग गए। शहर बिल्कुल बर्बाद हो गया। मैं अलग दुःखी था। सोचता कि गुलामी से छूटा तो कहाँ जाऊँगा? अब तक मैंने फारसी लिखना-पढ़ना ठीक से सीख लिया था, पर उनकी तरह बोल नहीं पाता था। इसलिए अफगानी बनकर निकल सकना संभव नहीं था।

बहुत दिन तक अंग्रेजों की कोई खबर नहीं मिली और मेरा मन डूबने लगा। यह सोचकर कि मैं हमेशा गुलाम रह जाऊँगा, जी उचट जाता। अब अपनी पुरानी रेजीमेंट छोड़ देने का पछतावा हो रहा था। बहुत बाद में मैंने सुना कि अंग्रेज फौजों ने काबुल शहर जलाकर राख कर दिया और हिंदुस्तान लौट गए। सेरकूदो और एस्तालिफ में बचे-खुचे अफगान परिवार काबुल में घर लौटने की तैयारियाँ करने लगे। मालिक के कुनबे को कोई नुकसान नहीं हुआ था। सब सही सलामत थे। हम सब जब काबुल पहुँचे, वहाँ बर्फ गिरने लगी। काबुल शहर नहीं जला था लेकिन बाजार तबाह हो गया था। लोग इस बात से हैरान थे कि फौज ने हमलों के दौरान आम जनता को बिल्कुल तंग नहीं किया। वैसे यह बात भी सही है कि बदले की कार्रवाई होने के डर से जितने लोग भाग सकते थे, पहले ही भाग गए थे।

❑

लौटकर हिंदुस्तान

इस घटिया मुल्क में आए तीन साल हो गए थे और इस बीच मुझे अपने घर-परिवार और अम्मा-बाबू की कोई खबर नहीं मिली। मैं सोचता रहा कि अगर मेरा परिवार जिंदा बचा होगा तो उसकी देखभाल कौन करता होगा। वे लोग कैसे होंगे? मन में तरह-तरह के सवाल आने लगे। मालिक तंग नहीं करता था, लेकिन मुझे कई ऐसे काम करने पड़ते थे, जो हमारी जात के लोग नहीं करते। मालिक को इसका पता नहीं था। उसने शायद कभी नहीं सोचा कि इससे मेरे तन-बदन में आग लग जाती है। अंग्रेज काबुल से लौट गए थे और वहाँ से मेरे निकलने के मौके अब खत्म हो गए। मैंने इस बारे में सोचना ही छोड़ दिया। कुछ महीने बाद मालिक को व्यापार के लिए गजनी जाना पड़ा। वह मुझे काबुल में ही छोड़ गया।

बहुत समय से मैंने भाग जाने की बात करना बंद कर दिया था। कुछ उल्टा-सीधा नहीं बोलता था। इस वजह से अब मुझ पर उतनी कड़ी नजर नहीं रखी जाती थी। मेरे कहीं आने-जाने पर ज्यादा रोक-टोक भी नहीं होती थी। बाहर निकलने पर मेरे कुछ दोस्त बने। एक का नाम अहमद शाह था। एक काफिले का मुखिया। हर साल हिंदुस्तान जाता था। हिंदुस्तान के सारे शहर जानता था और अवध के व्यापारियों से मिलता रहता था। बहुत सोचकर मैंने अपने मन की बात उससे कही। कहा कि अगर वह मुझे काबुल से निकाल दे तो हिंदुस्तान पहुँचकर मैं उसे मोटी रकम दूँगा।

काफी चिकचिक करने के बाद वह मुझे अपने साथ नौकर बनाकर ले जाने पर तैयार हो गया। शर्त यह थी कि हिंदुस्तान पहुँचकर मैं उसे पाँच सौ रुपये दूँगा। उसने यह बात कागज पर मुझसे लिखवा ली। दस्तखत करने के बाद मैं बहुत डरा कि इससे भेद खुल जाएगा। फिर मैंने अपने मन को समझाया कि अहमद शाह को मेरे साथ धोखा करने से उतना फायदा नहीं होगा, जितना मेरी मदद करने से। कुछ ही दिन बाद उसका ऊँट वाला काफिला चलने के लिए तैयार हो गया। मैंने गंदे कपड़े लिए, बाल उँगली से बिखेर लिए, उसमें चूना पोता ताकि कुछ-कुछ पठान जैसा दिखाई पड़ूँ। मैंने मालिक के पैसे का हिसाब-किताब कर दिया और वे कपड़े वहीं छोड़ दिए, जो उन्होंने मुझे दिए थे। उनके घर से मैंने केवल **एक चीज ली—एक** लंबा चाकू।

हम लोग सुबह-सुबह काबुल से निकले। काफिले में पौने दो सौ ऊँट थे। जल्दी ही मुझे पता लग गया कि नौकर बनना आसान नहीं है। कई बार यह काम नौकर होने से भी मुश्किल लगा। अहमद शाह बहुत गुस्सैल और मुँहफट आदमी था। अपनी भाषा में मुझे अक्सर गालियाँ देता। इसे झेल पाना आसान नहीं था। मेरे जिम्मे ऊँटों की टहल का काम था। उन्हें चराने ले जाना पड़ता और ऊँट वालों की तरह रहना पड़ता। मैंने सब झेला। जैसे-जैसे काफिला काबुल से दूर जाता, मेरा मन बल्लियों उछलता कि अब निकल जाऊँगा। तभी अचानक अहमद शाह को खबर मिली कि पंजाब में उत्तर की तरफ से जाना खतरनाक है। उधर भारी गड़बड़ है। चुंगी अलग से पड़ेगी। उसने अपना रास्ता बदल दिया। डेरा इस्माइल खान की ओर चल पड़ा।

वहाँ से हम लोग गजनी की ओर मुड़े। मैं डर गया कि कहीं पुराना मालिक न मिल जाए और मुझे फिर पकड़ ले। मैं बहुत चौकन्ना था और हमेशा देखता रहता कि कोई घुड़सवार झुंड न आ रहा हो। मालिक ने काबुल में भाड़ा देकर कई घुड़सवार लिए थे, जो गजनी के रास्ते में उसके साथ थे। हम लोग गजनी से दो मील दूर थे, जब उस्मान बेग काफिले के बगल से निकला। मैंने उसे दूर से देखा और देखते ही तय कर लिया कि दोबारा गुलाम बनने की जगह मैं उसे या खुद को गोली मार लूँगा। मेरे पास एक पिस्तौल थी जो फौज की ओर से दी गई थी। बहुत अजीब स्थिति थी। जरा भी गलती करता तो शर्तिया पकड़ा जाता। फिर गुलाम बन जाता।

उस समय मैं काफिले के उस तरफ था, जिधर से उस्मान बेग के घोड़े जा रहे थे। भाग कर दूसरी तरफ चला गया। जोर-जोर से हाँक लगाने लगा। वैसी हाँक, जैसी ऊँट चलाने वाले अफगानी लगाते हैं। यह आवाज ऊँट वाले हिंदुस्तानियों की हाँक से अलग होती है। दोनों काफिले अगल-बगल गुजर रहे थे कि पुराने मालिक ने जोर से चिल्लाकर पूछा कि यह काफिला किसका है? काबुल से कब निकला? मेरी किस्मत ठीक थी कि जवाब बगल वाले आदमी ने दे दिया। मैं बोलने से बच गया। नहीं तो उसी समय पोल खुल गई होती। उस्मान बेग और उनके घुड़सवार आगे निकल गए। मुझ पर नजर नहीं पड़ी। लगा कि अब बचकर निकल सकता हूँ। घुड़सवारों की चमक दिखनी बंद हो गई तो मैं बहुत खुश हो गया। इतना खुश, जितना बुंदेलखंड में पिंडारियों के जाने से भी नहीं हुआ था।

कुछ ही लोग होंगे, जिन्हें जिंदगी में दो-दो बार इस तरह की मुसीबतें झेलनी पड़ीं। गजनी से निकलने के बाद लोगों का काफिला पूरब की ओर मुड़ गया। रास्ते में कई जंगल-जातियाँ मिलीं। हम हाथ जोड़कर आगे बढ़ गए। हैरानी की बात थी कि हम आगे का रास्ता बिना मुश्किल तय करते हुए डेरा इस्माइल खान पहुँच गए, जो सिखों के कब्जे में था। आगे बढ़ने से पहले वहाँ हमें भारी चुंगी देनी पड़ी। मैं अभी अपने देश में नहीं पहुँचा था लेकिन अफगानिस्तान से निकलकर और सिंधु पार करके बहुत खुश हुआ। डेरा इस्माइल खान में सुनाई पड़ा कि अंग्रेज फौजें सिंध में लड़ रही हैं। मैंने अहमद शाह से उधर ही चलने को कहा, पर वह नहीं माना। उसने तय कर लिया था कि सीधे फिरोजपुर जाना है। सिख लोग कदम-कदम पर चुंगी वसूल करते। इससे थोड़ी परेशानी तो हुई लेकिन अक्तूबर 1843 में काफिला फिरोजपुर पहुँच गया। कुछ देर में छावनी दिखाई पड़ने लगी।

मैंने दूर से नगाड़े और बिगुल की आवाज सुनी तो खुशी से चौड़ा हो गया। अहमद शाह मुझे छावनी नहीं जाने दे रहा था। कहा कि पहले सराय में उसका इंतजाम हो जाए, तब वह मेरे साथ छावनी चलेगा। मुझे अपनी आँख के सामने से हटने ही नहीं देता। ऊँटों से सामान उतारा गया, उन्हें दाना-पानी के लिए ले जाया गया और तब जाकर हम दोनों लोग घोड़े पर बैठ कर छावनी के लिए चले। हम पहले ब्रिगेड मेजर के बंगले पर गए लेकिन वहाँ से भगा दिए गए। अफगान लोग सूखे मेवे और तंबाकू बेचने अक्सर वहाँ आते। उन्होंने हमें भी वही समझ लिया। मैंने अर्दली को

उसकी बोली में अपना हाल सुनाया। कहा कि साहब से मिलना चाहता हूँ। कोई फायदा नहीं हुआ। साहब से भेंट हुई पर उन्हें मेरी बात पर भरोसा नहीं हुआ। बोले कि मेरा किस्सा सही हो तब भी सरकार फिरौती के पाँच सौ रुपये नहीं अदा करेगी।

मैं मजिस्ट्रेट के पास गया और उन्हें अपना किस्सा सुनाया। कहा कि मुझे टहलुआ गुलामी से आजाद कराया जाए। अहमद शाह को लगा कि उसका पैसा नहीं मिलेगा तो उसने मुझे टहलुआ गुलाम घोषित कर दिया। पहले तो साहब ने मेरी बात नहीं सुनी लेकिन यह पता चलने पर कि मैं कई रेजीमेंट में अफसरों को जानता हूँ, उन्होंने मेरी ओर कुछ ज्यादा ध्यान दिया। इसके बावजूद वह पैसा देने को तैयार नहीं थे। कहा कि सरकार से भी रकम नहीं मिलेगी। मैंने सोचा कि एक बार कमिश्नर साहब से मिल लेना चाहिए। किस्मत ठीक थी कि वहाँ मैंने अपनी पुरानी रेजीमेंट के एक सूबेदार को गार्ड ड्यूटी पर देखा। उसकी बदली और तरक्की किसी और कोर में हो गई थी। मैंने उसे अपना नाम-ठिकाना बताया। उसने बात नहीं मानी। फिर मैंने उससे हिंदी में पूरी बात की, तो उसका शक मिट गया। मुझे लेकर कमिश्नर साहब के पास गया। साहब ने काबुल में फौज के बारे में मुझसे हजारों सवाल किए लेकिन अंत में कह दिया कि सरकार फिरौती के लिए पैसे नहीं देगी।

सूबेदार मुझे ढाई सौ रुपए देने को तैयार हो गया। उसने साहब से कहा कि मैं अवध में खाते-पीते अच्छे घर का हूँ तो बाकी पैसा उन्होंने दे दिया। मैंने जो कागज लिखकर दिया था, वापस ले लिया गया। रुपए का हिसाब लिखा गया और मैं आजाद हो गया। मेरे पास एक धेला नहीं था। सामान के नाम पर गंदा-गुथड़ा अफगानी कपड़ा। मैं एक रेजीमेंट में गया। सिपाहियों को अपना हाल बताया। उन्होंने मुझे जात-बाहर कर दिया। कुछ लोगों ने कहा कि मैं मुसलमान बन गया। मतलब यह कि जब तक मैं दोबारा जात में न आऊँ, किसी से दोस्ती नहीं हो सकती थी। कोई पूछने वाला नहीं था। मुझे बहुत शर्म आई। लगा कि इससे अच्छा तो मैं काबुल में ही था। इतना खराब व्यवहार वहाँ नहीं हुआ था।

मैं बहुत निराश होकर ब्रिगेड मेजर के पास गया। उन्हें बताया कि कमिश्नर साहब ने फिरौती की आधी रकम दी है तो वह मुझे ब्रिगेडियर साहब के पास ले जाने को तैयार हो गए। ब्रिगेडियर साहब ने मुझसे बहुत

कायदे से बात की। मेरी पुरानी रेजीमेंट को जानते थे। बताया कि वह इस समय दिल्ली में है। अजूटन जनरल साहब को लिखा और मेरे बारे में यह भी लिख दिया कि मुझे पुरानी रेजीमेंट में लिया जा सकता है। कुछ पैसा दिया गया और फिलहाल मुझे उन्हीं के अहाते में रहने की मंजूरी मिल गई। मैंने अफगानी कपड़े उतारकर फेंक दिए, जो मैंने एक साल सात महीने से लाद रखे थे। दाढ़ी और बाल कटाए और एक बार फिर सिपाही जैसा दिखाई पड़ने लगा। साथी लोगों ने तब भी मुझसे बात नहीं की। उनके लिए एक तरह से मैं अछूत ही था। ब्रिगेडियर साहब कई बार मुझे बरामदे में बुलाकर काबुल का किस्सा पूछते। मेरी बात ध्यान से सुनते। उन्हीं की वजह से मेरी किस्मत कुछ बदली और सरकार ने मेरे लिए थोड़ा-बहुत किया। कुछ दिन बाद मुझे दिल्ली में अपनी पुरानी रेजीमेंट में जाने का आर्डर मिला। कुछ अफसरों ने राह खर्च के लिए पैसे दिए। दिल्ली पहुँचकर मैंने कर्नल साहब के यहाँ हाजिरी दी। वे बहुत खुश हुए और मुझे लगा कि कर्नल मेरे कोर्टमार्शल के बारे में भूल गए हैं। कुछ समय मैंने रेजीमेंट में हिसाब-किताब का काम देखा। जगह खाली हुई तो फिर हवलदार का पुराना ओहदा मुझे मिल गया।

❐

बगावत की धमक

मैं ने घर चिट्ठी लिखी थी। जवाब आया तो पता चला कि मेरी पहली पत्नी, अम्मा और पंडित दिलीपराम नहीं रहे। बाबू ने लिखा था कि मैं घर लौट आऊँ। यह भी लिखा कि वे मुझे ढाई सौ रुपए भेज देंगे। मेरे साथ अब तक अछूतों जैसा व्यवहार हो रहा था। सिर्फ मुसलमान, ईसाई, नगाड़ची और बाजा बजाने वाले बात करते थे। अफसर सब जानते थे और उनका व्यवहार भी ठीक था लेकिन मेरे पास इतना पैसा नहीं था कि भोज-भात करके जात में वापस आ जाऊँ। सबके साथ मिल-बैठकर बात कर सकूँ।

कुछ दिन बाद सिपाहियों की छुट्टी का समय आया तो मेरी दरख्वास्त मंजूर हो गई। अगले ही दिन मैं निकल पड़ा और कुछ दिन में गाँव पहुँच गया। कई साल बाद घर लौटना हुआ था। घर में सबकुछ बदल गया था। बाबू बूढ़े हो गए थे और खेती-बाड़ी का काम छोटा भाई देखता। पता नहीं कैसे मेरे गुलाम बनने की खबर गाँव पहुँच गई थी। मुझे अपने घर में नहीं रहने दिया गया। पता चला कि भाई ही दुश्मन हो गया। उसने मान लिया था कि मर गया हूँ। पूरी जायदाद पर कब्जा करने की फिराक में था। बाबू ने मुझे जात में शामिल करने के लिए पैसे दिए। हालाँकि मैंने बार-बार कहा कि मुझे जबर्दस्ती जात-बाहर किया गया। इस बार भोज-भात में ज्यादा पैसा नहीं लगा लेकिन मैं फिर भी दुःखी था। मेरी हिरनी ठकुराइन पत्नी का कहीं अता-पता नहीं था। कुछ लोगों ने कहा कि

वह अपने देश लौट गई, जबकि कुछ का कहना था कि वह किसी सिपाही के साथ भाग गई। बेटे का तबादला दूसरी रेजीमेंट में हो गया था, जो सिंध चली गई। दो साल से उसकी भी कोई खबर नहीं। मेरी पहली पत्नी कुछ पैसे छोड़ गई थी जिससे मैंने सूबेदार, कुशल दुबे के ढाई सौ रुपए लौटा दिए। कर्ज का एक बड़ा बोझ सिर से उतरा।

बाबू ने मुझे बहुत समझाया कि मैं फौज की नौकरी छोड़ दूँ और उनके साथ रहूँ लेकिन मेरा मन अपनी पत्नी और बेटे में लगा था। पता था कि गाँव में रहकर मैं उन्हें नहीं ढूँढ़ सकूँगा। उसके लिए बाहर निकलना जरूरी था। अपनी पत्नी की तलाश में मैंने बुंदेलखंड जाने का फैसला कर लिया और सीधे उस गाँव गया, जहाँ उसका भाई रहता था। पहुँचने पर पता लगा कि उसका भाई बड़ा राजपूत है और उसके पास काफी जमीन-जायदाद है। वह जात में तो नहीं लेकिन वैसे मुझसे बहुत बड़ा आदमी था। मन घबराने लगा। समझ में नहीं आया कि वहाँ मेरे साथ कैसा बर्ताव होगा। आमने-सामने खड़े होकर बात करने का साहस नहीं था। हिम्मत जुटाकर मैं उसके भाई से मिला। कहा कि मैं अपनी पत्नी को लेने आया हूँ। यह जानकर मुझे बहुत खुशी हुई कि वह उस समय अपने भाई के घर में ही थी। उसे साथ लेकर मैं गाँव लौटा। कुछ दिन रहा। फिर उसे बाबू के पास छोड़कर दिल्ली लौट गया। रेजीमेंट में काम पर।

अब मुझमें पहले जैसा दम-खम नहीं था। मैं जिंदगी से थक गया था। उम्र भी हो रही थी। काबुल में मैं वहाँ से निकल भागने के बारे में सोच-सोच कर जिंदा रहा। रोज वही सपना देखता। अब आजाद हूँ लेकिन इस आजादी से मुझे क्या मिला? इतना दुःख झेला लेकिन न तरक्की मिली, न इनाम, छह महीने की तनख्वाह सरकार पर बाकी थी पर उम्मीद नहीं थी कि वह रकम कभी मिलेगी। अपनी आजादी और जात में शामिल होने के लिए मैंने बहुत पैसे खर्च कर दिए थे। एक साहब का उधार भी सिर पर था। कई चिंताएँ।

इसी बीच मैं बीमार पड़ गया। छुट्टी पर रहा। कर्नल साहब से मैंने कहा कि वे मेरी अर्जी सरकार को भेज दें। उन्होंने इसका वादा किया। अर्जी में लिखा था कि मैंने कितने दिन सरकार की सेवा की, कितनी लड़ाइयों में रहा, कितने घाव लगे, कितने तमगे मिले। मैंने यह भी लिखा कि एक अफसर के कहने पर मैं शाह शुजा की फौज में गया, जहाँ तरक्की और

अच्छी तनख्वाह का वादा किया गया था। मैंने साफ-साफ कहा कि यह वादे पूरे नहीं हुए। तरक्की नहीं मिली। छह महीने की तनख्वाह अभी बाकी है। इस बीच मैं घायल हुआ और गुलाम की तरह बेच दिया गया। पाँच सौ रुपए देने का वादा करके भागा लेकिन इससे मेरी एक साल सात महीने की पेंशन कट गई। मैंने सरकार से चिरौरी की कि अर्जी पर जल्दी से जल्दी सुनवाई की जाए ताकि मैं कुछ राहत महसूस कर सकूँ।

इस राहत के लिए मुझे छह महीना इंतजार करना पड़ा। कर्नल साहब ने लिखत-पढ़त के बाद बताया कि सरकार फिरौती वाला पैसा दे देगी लेकिन तनख्वाह का पैसा मुझे नहीं मिलेगा। सरकार के पास हिसाब-किताब नहीं है कि मेरी कितने महीने की तनख्वाह बाकी है। सरकार को शाह शुजा के लाम का भी पता नहीं था। कर्नल साहब ने कहा कि यह पैसा तभी मिल सकता है जब मैं अपनी पुरानी रेजीमेंट में कोई अफसर ढूँढ़ूँ, जो यह बताए कि काबुल से लौटने के समय तक मेरी कितनी तनख्वाह बाकी थी। यह काम खासा मुश्किल था। मैं पुराने अफसरों को कहाँ ढूँढ़ता।

काबुल में यूरोपीय रेजीमेंट में शामिल होने के बाद से मैंने अपने अफसरों को कभी नहीं देखा। मान लिया था कि वे सब मारे गए। जितने अफसरों का नाम याद आया, मैंने कर्नल साहब को बताया पर वह एक के बारे में भी जानकारी नहीं दे पाए। पता नहीं था कि वे कहाँ हैं। कर्नल साहब की मेहरबानी थी कि फिरौती वाली रकम मिल गई और मैं उसी में खुश था। उन्होंने मदद न की होती तो वह पैसा भी डूबा ही था। एक छदाम न मिलता। राहत की बात सपना ही रह जाती। मैं जात में शामिल हो गया था और अफसर लोग मुझे मानते थे लेकिन रेजीमेंट के कई लोग मुझसे जलते थे। मेरे लौटने की वजह से एक नायक और एक सिपाही की तरक्की रुक गई। उनकी नाराजगी इस वजह से थी। संगी-साथी हमेशा ताना मारते थे कि मेरा खतना हुआ है और काबुल में मैंने विलायती सिपाहियों के साथ गाय का मांस खाया है।

रेजीमेंट के सारे लोग अफगानिस्तान में सरकार की फजीहत की अक्सर बात करते। छावनी की स्थितियाँ लगातार बदल रही थीं। कई लोगों ने कहना शुरू कर दिया था कि अंग्रेज हार सकते हैं, ऐसे नहीं हैं कि कोई उन्हें हरा न सके। दिल्ली में यह चर्चा आम थी। मुझे लगता है कि उसी समय से मुसलमान यह सोचने लगे कि वे सरकार को देश से भगा देंगे।

सिपाहियों को जब यह पता लगा कि उन्हें कभी भी सिंधु पार भेजा जा सकता है, तो वे भी नाराज हो गए। शिकायत करते कि अफगानिस्तान भेजने से पहले उनसे जो वादे किए गए थे, पूरे नहीं हुए और वे खाली हाथ लौट आए। न इनाम मिला, न तरक्की। मुसलमान सिपाही सीना तानकर कहते कि वे काबुल और फारस से आए हैं। बड़े लड़ाके हैं, बहादुर हैं। अफगानों की तरह अंग्रेजों से लड़ सकते हैं। दिल्ली बादशाह के कई लोग हमारी छावनी में यह अंदाजा लगाने के लिए आए कि फौज क्या सोच रही है? उसका हाल कैसा है? सिपाहियों ने काबुल पर सरकार के दोबारा कब्जे के बारे में बताया तो उन्होंने कहा कि अगर विलायती फौज जाड़ा शुरू होने से पहले वहाँ से न लौट आई होती तो उसका भी पहली फौज जैसा हाल हुआ होता।

जैसा मैंने पहले कहा, फौज में मुझे शक की नज़र से देखा जाता। रेजीमेंट में कोई सीधे यह बात मुझसे नहीं कहता लेकिन मैंने कई लोगों को ऐसी बातें करते सुना। मैंने काटर-माटर साहब को इसकी जानकारी दी तो वह हँसने लगे। कर्नल साहब ने मेरी बात ध्यान से सुनी। मुझसे कहा कि मेरे कारण रेजीमेंट की इज्जत पर धब्बा लगा है और यह बात दोबारा मैं उनसे न करूँ। उन्होंने यह भी कहा कि यह सब बकवास है। जाहिर है, उन्हें मेरी बात पर भरोसा नहीं था।

इतनी डाँट सुनने के बाद मैंने इस मामले पर साहब से कभी बात नहीं की क्योंकि इससे मैं ही मुश्किल में पड़ता। इस बीच हालात को देखते हुए मैं लगातार महसूस कर रहा था कि काबुल की लड़ाई और सिंध की मारकाट के बाद दिल्ली और फिरोजपुर के बीच तैनात सरकारी रेजीमेंट में कभी भी बगावत हो सकती है। सरकार की किस्मत अच्छी थी कि ऐसा कुछ हुआ नहीं। सिंध जाने वाले सिपाही अक्सर कहते कि उन्हें अलग से भत्ता देने की बात हुई थी, जिससे सरकार मुकर गई। सिंध पहुँचने पर उनसे कहा गया कि भत्ते की मंजूरी ऊपर से नहीं मिली। कमान अफसर ने पहले सिपाहियों से पक्का वादा किया था लेकिन बाद में कहा कि उनसे गलती हो गई।

हिंदुस्तान में तैनात तमाम अफसर जानते थे कि उस समय तक कई रेजीमेंट में ढकी-छिपी बगावत शुरू हो गई थी। कई जगह उसकी धमक और सुगबुगाहट थी, चार-पाँच रेजीमेंट में यह बात खुल्लमखुल्ला होने लगी

थी। लोगों को लग रहा था कि जल्दी ही पूरी फौज में बगावत हो जाएगी। मुसलमान एजेंट कई जगह चुपचाप अपना काम कर रहे थे और अफगानी-फारसी जासूस कहते घूमते कि बगावत हुई तो विलायती लोगों को भगाने में उनका मुल्क भी शामिल हो जाएगा क्योंकि काबुल में हुई तबाही-बर्बादी सबने देखी है। वे यह भी कहते कि बगावत के बाद हिंदुस्तान की गद्दी दिल्ली के बादशाह को सौंप दी जाएगी। सब राजाओं और नवाबों को खबर भेजी गई। जिसने भी बात मानी और साथ आने का वादा किया उसे बताया गया कि अंग्रेजों को हटाने के लिए क्या किया जाएगा।

यह बात बिल्कुल सही है कि कई सिपाहियों की शिकायत वाजिब थी। मेरा ही मामला ले लीजिए। तरक्की और ज्यादा तनख्वाह का वादा किया गया लेकिन मिला कुछ नहीं। हाँ, यह जरूर है कि सरकार ने मुझे गुलामी से मुक्ति के लिए फिरौती की रकम दी। यह बात मैं कभी नहीं भूलूँगा। एक साल बीत गया और कहीं ज्यादा गड़बड़ी नहीं हुई। दिल्ली में यह बात सबको पता थी कि अफगानिस्तान की लड़ाई के बाद सरकार खुद डर गई है। उस साल ऊपर से हुक्म हुआ कि तोपखानों से खूब गोले दागे जाएँ ताकि लोगों को पता रहे कि दिल्ली की ताकत कितनी है। इसके बावजूद काबुल वाले किस्से से सबको निहायत साफ-साफ दिखाई पड़ रहा था कि सरकार की ताकत ऐसी नहीं है कि उसे कभी हराया न जा सके। आम लोग भी अब उससे पहले की तरह नहीं डरते थे।

❐

सिखों से युद्ध

एक साल और बीत गया और इस बीच सिपाहियों का गुस्सा कुछ-कुछ ठंडा पड़ा। उस समय यह सुनाई पड़ता कि सिख लोग सरकार से भिड़ना चाहते हैं। उनकी फौज बहुत बड़ी थी, ड्रिल ठीक थी और भरोसा था कि वे सरकार को पीट ले जाएँगे। सरकार ने अपनी फौजें अंबाला और लुधियाना की ओर भेजनी शुरू कर दीं। हम सब लुधियाना पहुँचे और कुछ दिन वहाँ रहे। दोनों ओर से तैयारियाँ पूरी थीं।

अंग्रेज अफसरों ने सोचा कि सिख लोग नदी के उस पार से गोला-बारूद चलाएँगे, उसे पार नहीं करेंगे। सतलज के दूसरे पाट पर भारी सिख फौज जमा थी लेकिन तब तक किसी सिपाही ने नदी पार नहीं की थी। एक दिन कुछ सिख घुड़सवार हरीपट्टन के पास नदी में उतरे और इस पार आ गए। कई घसियारिनों को काट डाला। सरकार का कुछ सामान भी लूट ले गए। यह उनकी पहली झलक थी। इसके बाद भी ब्रितानी अफसर सोचते रहे कि सिख लोग हिंदुस्तान पर कभी हमला नहीं करेंगे। इस बीच उन्होंने फिरोजपुर की ओर और कुमुक भेजी। मेरी रेजीमेंट को वहीं जाने का आर्डर हुआ। हम लोग डबल मार्च करते हुए चार दिन में वहाँ पहुँच गए।

खालसा फौज बहुत नामी थी। उसे फ्रांस के एक साहब ने सिखाया था। बंदूकें भी वैसी ही, जैसी सरकार के पास थीं। अनगिनत बंदूकें। ज्यादातर सिपाही रेजीमेंट सिखों से लड़ने से डरती थीं। वहाँ

कई विलायती रेजीमेंट भी थीं, जिनसे बड़ा सहारा था और सिपाहियों की हिम्मत बनी रही। एक दिन कुछ घुड़सवार हड़बड़ाते हुए फिरोजपुर से यह खबर लेकर आए कि खालसा फौज ने सतलज नदी पार कर ली है और करीब पाँच लाख लोग सरकारी फौज पर हमला करने वाले हैं। अफसर लोगों को सही स्थिति का जायजा लेने के लिए भेजा गया। लौटकर उन्होंने बताया कि खालसा फौजों के सतलज पार करने की बात सही है लेकिन उनकी फौज केवल बीस हजार है। पाँच लाख नहीं। फिरोजपुर में सरकार की सात-आठ रेजीमेंट थीं। जनरल लिट्टर साहब ने हमला बोल दिया। सब हैरान रह गए। अचानक हमले से सिख फौज पीछे हट गई और फिरोजपुर नहीं आई। बाद में कुछ लोगों ने कहा कि सिख डर रहे हैं। शायद यह सोचकर कि पूरी छावनी में बारूद बिछी है। इसलिए वे खुले मैदान में लड़ना चाहते थे।

कुछ दिन बाद हम लोगों ने फिरोजपुर से थोड़ी दूर भारी लड़ाई की खबर सुनी। खबर शाम को आई। कुछ लोगों का कहना था कि सरकार की फौज हार गई और छावनी लौट रही है। कुछ और लोग बिल्कुल उल्टी बात कह रहे थे, कि लड़ाई में सिखों की फौज तबाह हो गई। एक अफवाह यह थी कि लड़ाई में कोई हारा-जीता नहीं, दोनों फौजें वहीं डटी हैं। शाम को कुछ अफसर लौटे तो पता चला कि लड़ाई में जीत सरकार की हुई है और उसकी फौजों ने सिखों की बहुत सारी बंदूकें छीन ली हैं। सब टुकड़ियों को आर्डर हुआ कि वे तुरंत निकलें और फौज में जाकर मिल जाएँ। हम सब रात में ही चल पड़े। कच्चे टेढ़े-मेढ़े रास्ते से उधर गए। खबर यह थी कि सिख फौजी सड़क पर जगह-जगह हैं और उस रास्ते जाने पर सरकारी फौज को काट डालेंगे। अगले दिन दोपहर बारह बजे हम लोग वहाँ पहुँच गए, जहाँ सरकार की फौज की एक बड़ी डिवीजन थी। हम सब बहुत थके-मांदे और प्यासे थे। लड़ने की हालत में बिल्कुल नहीं थे। लेकिन तभी आर्डर हुआ कि लड़ाई की तैयारी करो।

सिख लोगों की फौज ने जगह बदल दी, इससे सूरज डूबने तक लड़ाई शुरू नहीं हो पाई। उस समय रात होने वाली थी। वह असली लड़ाई थी। ऐसी लड़ाई मैंने पहले कभी नहीं देखी थी। हम बहुत नजदीक से गोलियों की बौछार करते और उतनी ही बौछार उधर से होती। इससे पहले की जितनी लड़ाइयों में मैं था, नजदीक से एक-दो बौछार में दुश्मन का काम

तमाम हो जाता। पर सिख फौज ने एक-एक गोली का जवाब दिया और यह निरंतर चलता रहा जब तक उनकी फौज तबाह नहीं हो गई। दो-तीन विलायती रेजीमेंट को मैंने इस मार में पीछे हटते देखा क्योंकि सिखों के गोले ऐसे गिरते, जैसे बादल फट गया हो। न उन्हें कुछ समझ में आ रहा था, न सिपाही रेजीमेंट को। एक विलायती रेजीमेंट को तो सिखों ने एकदम धो दिया। सफाया हो गया। लगा कि अब सरकार की फौज गई। सबके मन में डर बैठ गया।

लगभग अँधेरा हो गया था कि हम लोगों ने जोर का हल्ला सुना। यह आवाज सिखों की नहीं थी। थोड़ी देर में घुड़सवारों की आवाज सुनाई पड़ी। तीन डरगून एक झटके में दुश्मन के खेमे में कूद पड़े और तोपचियों को मार डाला। तोपखाने से घुड़सवारों के भिड़ने की बात पहले किसी से नहीं सुनी थी। हमला इतना अचानक हुआ कि सिख कुछ समझ नहीं पाए और अपनी तोपें छोड़कर पीछे हट गए। उस वक्त तक बिल्कुल अँधेरा हो गया था। सरकार की फौज ने लड़ाई रोक दी लेकिन सिख लोग रात भर, जैसे कहीं उजाला दिखाई दे, गोली चलाते रहे। मैं जनरल लिट्टर साहब की फौज में था, जो आगे बढ़ते हुए रास्ता भटक गई।

डर के मारे कि अँधेरे में फौज कहीं सिखों के खेमे में न पहुँच जाए, आर्डर हुआ कि सब चुपचाप वहीं पड़े रहें। यह रात वैसी ही थी, जैसी काबुल में बीती। हम आग नहीं जला सकते थे कि दुश्मन रोशनी देखकर गोली न चला दे। आस-पास पानी नहीं था। खाने के लिए कुछ रोटियाँ थीं, जो सिपाहियों ने अपने थैले में रखी थीं। साहब लोग कह रहे थे कि यह असली लड़ाई है। सिख बहुत बहादुर सिपाही हैं लेकिन मन-ही-मन वे भी डरे हुए थे। किसी को नहीं मालूम था कि सुबह क्या होगा। उस रात कड़ाके की ठंड थी और वहाँ खाली पेट दाँत किटकिटाते हुए पड़े रहने के अलावा कोई चारा नहीं था। मुझे याद है उस रात बगल वाली रेजीमेंट का एक साहब गाना गाते हुए इधर से उधर टहल रहा था। कई अफसरों ने उसे मना किया लेकिन वह गाता रहा। उसने शराब नहीं पी रखी थी। शायद गाना गाकर अपने को समझाने की कोशिश कर रहा था। वह रात खतरनाक थी। अंग्रेज मैदान से भागे नहीं, सिखों ने भी मैदान नहीं छोड़ा। बाजी बराबरी पर छूटी।

सुबह सरकार की फौज फिर तैयार हो गई और हमें सिखों के ठिकानों पर हमला करने का आर्डर हुआ। मेरी टुकड़ी रात में अपने डिवीजन से अलग हो गई थी और सुबह जाकर उससे मिली। गवर्नर जनरल साहब खुद घोड़े पर बैठे थे। विलायती सिपाहियों को ललकारते हुए कि शेर की तरह लड़ो। इंचार्ज से कहा कि सब हिम्मत से लड़ें तो जीत पक्की है। मैं नहीं जानता कि ऐसा कैसे हुआ लेकिन मैंने सुना कि गवर्नर जनरल साहब चीफ कमांडर के मातहत हो गए। कहा जाता था कि गवर्नर जनरल इंग्लिस्तान में बड़े जनरल थे और कई लड़ाइयाँ लड़ीं। उसी में उनका एक हाथ कट गया। लाट गफ साहब को विलायती सिपाही पसंद करते थे। वे किसी रेजीमेंट के पास आते तो सिपाही खुश हो जाते।

विलायती फौज ने हल्ला बोला तो सिख भाग खड़े हुए। इसके बाद घोड़हा तोपखाना आया और बहुत नजदीक से दुश्मन पर जोरदार गोले बरसाए। अंग्रेज फौज को खाने-पीने को नहीं मिला था, बहुत थकी थी इसलिए उसने दुश्मन का पीछा नहीं किया। सिख भागकर नदी के किनारे ऐसी जगह पहुँच गए, जहाँ पानी कम था। उन्होंने नदी पार कर ली। सरकारी फौजों ने उनके पूरे खेमे पर कब्जा कर लिया और उसे सौ तोपें मिल गईं। भागते-भागते सिखों ने अपने टेंट में आग लगा दी थी, जिसमें उस समय भी धमाके हो रहे थे। लूटपाट करते हुए कई लोग मारे गए। तब भी वहाँ से बहुत माल मिला, जिसमें सिख सरदारों के रेशमी कपड़ों वाले टेंट, शाल और कई तरह के हथियार शामिल थे। कई लोग टेंट को बचाने के चक्कर में जल गए।

इस लड़ाई के बाद अंग्रेज फौज का खाना बन रहा था कि बिगुल बजा और बताया गया कि सिख घुड़सवार उधर ही आ रहे हैं। लड़ाई फिर शुरू हो गई लेकिन इस बार सरकार की तोपें नहीं चलीं क्योंकि उनका बारूद पहले ही खत्म हो गया था। पर सरकार किस्मत की धनी थी। भाग्य ने साथ दिया और सिख फौजें न जाने क्या सोचकर वहीं से लौट गईं। यह बात किसी को समझ में नहीं आई क्योंकि सिखों की उस फौज में एकदम नए लोग थे। कुछ लोगों का कहना था कि सिखों के मन में डर था। उन्हें लगा कि सरकार की एक फौज उनके पीछे है। बात चाहे जो रही हो, हुआ यह कि कुछ गोलियाँ दागने के बाद वे पीछे हट गए। अंग्रेज फौज ने उनपर हमला नहीं किया। वे गोली की मार से दूर थे। कहा जाता था कि सिखों

के पास एक लाख घुड़सवार हैं। इतने से तो वे हमारी फौज को घेरकर एकदम तबाह कर देते। पर कुछ सिपाहियों का ख्याल था कि सरदार तेजसिंह लड़ने से डरते हैं। साहब लोग इस वाकये से खुद भी हैरान थे। समझ नहीं पा रहे थे। लेकिन खालसा के लौटने से सिपाहियों का हौसला बढ़ गया और वे सोचने लगे कि सिख अब सरकार से लड़ने की हिम्मत नहीं करेंगे।

हमारी फौजें कुछ दिन वहाँ रहीं। सबने जमीन खोदकर खाइयाँ और अड्डे बनाए। बड़ी तोप आने का इंतजार करते हुए। अंग्रेजों की एक फौज सिखों के पीछे थी लेकिन वह दरअसल बहुत पीछे है। उसका फायदा नहीं मिला। सिखों का यह डर सही था कि अंग्रेजों की एक फौज उनके पीछे है। लेकिन वह इतनी पीछे थी कि दस दिन बाद भी नहीं पहुँची। हमने सुना कि लुधियाना में लड़ाई हुई है और वहाँ सिखों ने सरकारी फौजों का सारा सामान और तोपें छीन लीं। बाद में एक और लड़ाई की खबर आई। कहा गया कि सरकार ने दुश्मन को हराकर अपना सारा सामान हासिल कर लिया। यह खबर सही थी।

❑

लाहौर में फौज

सरकार की फौज अब बहुत बड़ी हो गई थी। इतनी बड़ी फौज हिंदुस्तान में पहले किसी ने नहीं देखी थी। महीने के शुरू में कुल फौज और तोपखाना इकट्ठा हुआ। कहा जाता था कि सिखों की फौज में साठ हजार लोग हैं और चार सौ तोपें। सिख फौज सोबरांव की ओर कूच कर गई थी और वहाँ उन्होंने सौ तोपें लगाई थीं। अंग्रेज फौज रात में चली और अगले दिन सुबह, सूरज उगने से पहले, दुश्मन के खेमे के पास पहुँच गई। साफ पता चल रहा था कि सिखों को सरकार की गतिविधियों के बारे में पता नहीं चल सका। अचानक बिगुल बजा तो हबड़-तबड़ मच गई।

सबसे पहले तोपखाने से हमला हुआ। गजब की गोलाबारी। सिख फौज में आधे लोग सतलज के उस पार थे और आधे ब्रितानी कब्जे वाली जमीन पर। नदी पर नाव बाँधकर पुल बनाया गया था। तीन घंटे की तोपबारी के बाद पैदल फौज पर हल्ला बोलने का आर्डर हुआ। इस बार इतनी गोलियाँ चलीं, जितनी शायद फिरोजशाह में भी न चल रही होंगी। ब्रितानी फौज का कुछ हिस्सा खालसा गोलों से तबाह हो गया लेकिन फौज फिर भी डटी रही। विलायती रेजीमेंट ने तोपों पर हमला बोल दिया और उनकी मदद के लिए पीछे से सिपाही रेजीमेंट आ गई। सब जानते थे कि सिपाही हट्टे-कट्टे सिखों से डरते हैं लेकिन अफसर लोगों ने आगे बढ़ने का फैसला किया। वहाँ धुआँ बहुत था लेकिन उसी में तीसरी डरगून रेजीमेंट के

सिपाहियों की तलवार चमकती दिखाई पड़ती। गजब की थी वह रेजीमेंट! उन्होंने पैदल सिपाहियों पर दोबारा हमला कर दिया। हिंदुस्तान में ऐसी लड़ाई पहले कभी नहीं हुई थी। उसी समय अचानक ज़ोर का हल्ला हुआ और सरकार की फौज समझ गई कि सिख सिपाही पुल से होकर भाग रहे हैं।

पुल के दोनों तरफ तोपें लगी हुई थीं लेकिन दुश्मन इस डर से दूसरी तरफ से गोला नहीं चला सकता था कि कहीं उसके लोग ही न मारे जाएँ। वे पार उतरे। कई रेजीमेंट। सरकार का तोपखाना आगे बढ़ा और वहीं से गोलाबारी शुरू कर दी। सैकड़ों लोग मारे गए। इसके बाद पैदल सिपाही आगे बढ़े और गोली-पर-गोली चलाते रहे। सिख फौजी रुके नहीं और न ही पलटकर गोली चलाई। यह भी नहीं कहा कि उन्हें न मारा जाए। सैकड़ों लोग अंग्रेज फौज से बचने के लिए पानी में कूद गए। अंग्रेजों की फौज किनारे तैनात थी। ऐसी मारकाट हुई कि देखकर डर लगे। मैंने ऐसा दृश्य पहले नहीं देखा था। नदी में हजारों लोग। धार से जूझते, एक-दूसरे का हाथ पकड़कर बचने की कोशिश करते। बहुत लोग डूब गए। कभी ऊपर नहीं आए।

पुल के पास मेरी जान कई बार बची। एक बड़ा गोला सीधे कंपनी की ओर जाते देखकर मैं जोर से चिल्लाया। हवा में वह गोला पता नहीं कैसे घूम गया और वहाँ जाकर गिरा, जहाँ उससे बचने के लिए लोग छिपे हुए थे। पाँच सिपाही और एक हवलदार मारा गया। गोला फटने से हवलदार बहुत दूर जाकर गिरा। एक सिपाही की बंदूक जोर से मेरी छाती में लगी और मैं बेहोश होकर गिर पड़ा। होश आया तो रेजीमेंट आगे निकल गई थी लेकिन मैं हिल-डुल नहीं पा रहा था। यह तो कहिए कि मेरी किस्मत अच्छी थी कि घायल लोगों को ढूँढ़ने निकली पार्टी मुझे उठाकर ले आई और अस्पताल भेज दिया।

इस लड़ाई में सरकार की फौज का भारी नुकसान हुआ होगा। एक जनरल साहब मारे गए और मैंने सुना कि कम-से-कम सौ अफसर मर गए या घायल हो गए। सिख फौज का सारा माल पकड़ा गया। लूट काफी थी। उसमें से हमारे कुछ सिपाहियों को सौ-सौ नानकसी रुपया मिला। अगर नदी उफान पर न होती तो सरकार के घुड़सवारों ने सैकड़ों और दुश्मनों को काट डाला होता। नदी में हमेशा उतना पानी नहीं रहता और उसे पार

करना मुश्किल नहीं होता। जिन नावों को जोड़कर पुल बनाया गया था, पुल टूटने से मीलों दूर बह गईं। जो पास थीं, जल गईं। कुछ दिन बाद नावें इकट्ठा की गईं और हमारी फौज सतलज नदी पार करके पंजाब में घुसी।

यह हमेशा कहा जाता कि था कि सिखों की फौज को फ्रांसीसी अफसरों ने लड़ाई की ट्रेनिंग दी है लेकिन सब अफसर लड़ाई शुरू होने से पहले ही लौट गए थे। उन्होंने अंग्रेज सरकार से लड़ने से मना कर दिया था या फिर उनसे जलने वाले सिख सरदारों ने उन्हें निकलवा दिया था। यह बात एकदम सही है क्योंकि मैंने सिखों की फौज में एक भी विलायती अफसर नहीं देखा और न सुना कि किसी और ने उन्हें देखा है।

सिख बहादुरी से लड़े। इतनी हिम्मत के साथ हिंदुस्तान में अंग्रेज सरकार के खिलाफ कोई नहीं लड़ा था। यह साफ दिखाई पड़ रहा था कि उनकी फौज की ट्रेनिंग पूरी नहीं है। सरदार नहीं जानते थे कि फौज को आगे कैसे बढ़ाया जाता है। हमारे ऊपर हमला करने का सीधा मौका मिले तब भी वे चूक जाते थे। उनके घुड़सवार मैदान में कभी आए ही नहीं। कम-से-कम मैंने तो यही देखा। जब मैं लाहौर में था तब कई सिखों को यह कहते सुना था कि सरदार तेज सिंह विश्वासघाती था। एक बार उसने जान-बूझकर सरकार की फौज को मीलों दूर बताया था जबकि हकीकत में फौज एकदम पास आ गई थी।

मुझे याद है कि एक दिन हम लोग पुल के पास थे। देखा कि अंग्रेज सिपाही घायल एक सिख फौजी को मारने वाला है। हम हैरान रह गए कि वह घायल फौजी गिड़गिड़ाकर जान की भीख माँग रहा था। अंग्रेजी में उसने कुछ वाक्य बोले। लड़ाई के समय ऐसी बात अक्सर नहीं होती थी। बाद में अंग्रेज सिपाही ने उसकी पगड़ी और कपड़ा उतरवाया, कई लात मारी और कुंदे से मार-मार कर अधमरा कर दिया। कई और सिपाहियों ने उसे मारा और चाकू घोंपा। बाद में किसी ने मुझे बताया कि वह सिख फौजी किसी विलायती रेजीमेंट से भागा था और अपने ही लोगों के खिलाफ सिखों की ओर से लड़ रहा था।

कुछ दिन में सरकार की फौज लाहौर पहुँच गई। अब पूरा पंजाब उसके कब्जे में था। कंपनी बहादुर के सामने कोई टिक नहीं सकता था और उससे भिड़ना बेकार था। यह सब फरवरी 1846 के अंत में हुआ। सरदार लोग गवर्नर जनरल साहब से मिले, लाहौर पर अंग्रेज फौज का

कब्जा हो गया और खालसा की सारी ताकत धूल में मिल गई। सिख फौज के बहुत सिपाही अपने हथियार डालने आए। उन्हें देखकर अजीब लगता। सब कहते कि वे सरकार से हार गए हैं। लेकिन साथ ही यह कहना नहीं भूलते कि कभी उनका भी वक्त आएगा। पंजाब में सब यही कहते कि अंग्रेज हिंदुस्तान के बाकी इलाकों की तरह वहाँ भी कब्जा कर लेंगे लेकिन एक समझौता हुआ, जिसमें राजा लाल सिंह वजीरे-आजम बना दिए गए और कश्मीर महाराजा गुलाब सिंह को बेच दिया गया। इसके बाद पंजाब को उसके हाल पर छोड़कर सरकार नदी पार करके अपने इलाके में लौट आई।

उस समय हर बात सरकार के पक्ष में जा रही थी। उसके खिलाफ खड़े होने की बात करीब-करीब खत्म हो गई थी। फौज में बगावत की सुगबुगाहट धीमी पड़ गई। हालाँकि पहले, जैसा मैंने लिखा है, इसका बहुत जोर था। अब खाली यही बात होती थी कि कंपनी बहादुर की किस्मत बहुत अच्छी है। खालसा फौज को अंग्रेजी फौज की टक्कर का माना जाता था लेकिन सरकार ने उसे भी हरा दिया। इस बात से मुसलमान भी यह समझ गए थे कि तकदीर से लड़ना ठीक नहीं है, वे चुपचाप बैठे थे। लेकिन किस्मत हमेशा एक जैसी नहीं रहती। कौन जानता है कि बेहया के फूल अगली बार कहाँ खिलेंगे?

इस लड़ाई के बाद मेरी रेजीमेंट अंबाला में रही। वहीं दो साल बाद मुझे तरक्की देकर जमादार बना दिया गया। अब तक मुझे सरकार की नौकरी करते पैंतीस साल हो गए थे। मैं जमादार बन गया था लेकिन नौकरी करते जितनी दौलत कमाने के बारे में सोचा था, वह कहाँ थी? मेरे पास दिखाने के लिए क्या था—सात घाव और चार तमगे? मैं बूढ़ा हो गया था लेकिन अब मैं अफसर था और तलवार लेकर चलता था।

मेरा बड़ा बेटा, जो मेरी ही रेजीमेंट में भर्ती हुआ था, इस समय सिंध में कहीं तैनात था और दो साल से उसकी कोई खबर मुझे नहीं मिली थी। उसके फौज में भर्ती होते ही मैं शाह शुजा की फौज में चला गया था। कई देसी सिपाही सिंध देश के बुखार से मर गए थे। उस इलाके में हाल इतना खराब था कि देसी रेजीमेंट को वहाँ भेजने के लिए समझाना-बुझाना पड़ता था। वहाँ हिंदुस्तान से ज्यादा गर्मी पड़ती। जो सिपाही बुखार से बच जाते, वे भी बाद में किसी काम के न बचते। कई लोगों को अपने मुल्क लौटने

के सालों बाद बुखार हो जाता। मेरे बेटे ने अपनी आखिरी चिट्ठी में लिखा था कि उसकी रेजीमेंट के साढ़े सात सौ लोग बुखार में पड़े हैं और विलायती रेजीमेंट के आधे लोग मर गए। वह खुद भी अस्पताल में था और बचने की उम्मीद कम थी। चिट्ठी लिखने के चार हफ्ता पहले से वह चल-फिर नहीं पा रहा था।

1847 में दो अंग्रेज अफसर मुल्तान में मारे गए। सरकार ने इसका बदला लेने के लिए मुल्तान के दीवान मूलराज पर हमला कर दिया और उनका इलाका घेर लिया। इससे सिख भड़क गए। फौज इकट्ठा करने लगे और लड़ाई की बात फिर शुरू हो गई। सरकारी फौज इकट्ठा हुई और उसे फिरोजपुर की ओर रवाना कर दिया गया। मेरी रेजीमेंट को इसी फौज के साथ जाने का आर्डर हुआ। मुल्तान की घेराबंदी में काफी समय लगा, जिससे सिखों का हौसला बढ़ गया। कहने लगे कि इस बार वे विलायती फौजियों को मार ले जाएँगे। दिल्ली, मेरठ, अंबाला और जगह-जगह से रोज नई रेजीमेंट आती और उसे फिरोजपुर भेज दिया जाता। अंग्रेजों की फौज सतलज पार करके पंजाब में घुसी। उधर सिख सरदार शेर सिंह के साथ झेलम नदी के किनारे जमा थे।

❐

रेलगाड़ी का सफर

मुलतान पर कब्जे और गुजरात में सिखों की हार हो जाने के बाद अंग्रेजों का झंडा पूरे देश में फहराने लगा। सिखों की सारी ताकत धूल में मिल गई और हुक्म चलाने का काम कंपनी बहादुर के ऊपर आ गया। सब सरदार पकड़ लिए गए। फौज के हथियार छीनकर उन्हें घर भेज दिया गया। पंजाब में हर जगह अंग्रेज रेजीमेंट तैनात कर दी गई। लाहौर, वजीराबाद, झेलम, अटक, पेशावर और कई अन्य स्थानों पर कोई विरोध नहीं हुआ। अंग्रेज सचमुच अजीब हैं। छह महीने के अंदर हर जगह बैरक बन गई, जैसे जादू हो गया हो। साहब लोगों के घर बने। पुलिस अमला तैयार हुआ। पूरे देश में ऐसा लग रहा था जैसे सरकार सैकड़ों साल से वहीं रही हो।

हमारी रेजीमेंट इसके बाद जालंधर भेज दी गई। पुराने सिख सिपाहियों को लेकर सरकार के लिए दो रेजीमेंट बनाई गईं और उनमें कई नए सिख जवान भरती किए गए। पुराने सिपाही इससे बहुत चिढ़ गए। खासकर हिंदुस्तानी सिपाही। वे सिखों को 'गंदगी प्रसाद' कहते। बात तक नहीं करना चाहते थे। इसकी वजह से नए सिपाहियों की हालत बहुत दिन तक खराब रही। लेकिन धीरे-धीरे चिढ़ खत्म हो गई। इसके बावजूद सिख सिपाही अक्सर अलग ही रहते। पुराने लोग उन्हें घुसपैठिया मानते थे। परेड में सिख सिपाही हम लोगों की तरह चाक-चौबंद नहीं होते थे। वे अपने लंबे बाल दही से धोते।

इससे बदबू आती। बाद में देश से बाहर रहते-रहते उनमें से कई लोग हमारी तरह हो गए। साफ-सुथरे। चकाचक।

हिंदुस्तान में कई साल तक लड़ाई नहीं हुई। इस बीच फौज और दीवानी अदालत में कुछ नई चीजें शुरू हुईं, जिन्हें कई लोग खराब मानते थे। बंगाल में 1855 में संथालों से छोटी-मोटी लड़ाई हुई। हमारी रेजीमेंट उस लड़ाई में फौज के साथ रानीगंज भेजी गई। रानीगंज कलकत्ता से ज्यादा दूर नहीं है। वहाँ मैंने पहली बार लोहे की सड़क और काला राक्षस देखा। ऐसी कोई चीज़ मैंने पहले कभी नहीं देखी थी। कई लोगों से पूछा। उनका कहना था कि अंग्रेजों ने लोहे के डिब्बे में भूत-प्रेत डाल दिए हैं। भूत भागने की कोशिश करता है तो पहिया घूमने लगता है। मैंने देखा कि उसमें पानी डाला जाता है नीचे कोयला जलता है। मैं इतना अनजान था कि अगर एक अंग्रेज अफसर ने यह न बताया होता कि इंजन भाप से चलता है तो मैंने मान लिया होता कि वह कोई राक्षस है जो लकड़ी, कोयला और पत्थर खाता है। घड़ा भर पानी पीता है।

मैं उसी इंजन वाली गाड़ी से कलकत्ता गया। वह इतना तेज चलती है कि कलेजा मुँह को आ गया। गाड़ी कलकत्ता पहुँची तो नीची जाति वाले कई लोग उसमें घुस गए, जैसे सबके बराबर हों। यह ठीक नहीं है क्योंकि धक्का-मुक्की से कई लोगों को तकलीफ हुई। कलकत्ता में मैंने जो देखा उससे भौचक रह गया। आप तो कलकत्ता कई बार गए हैं। सब जानते हैं। आपको बताने का क्या फायदा? बड़े-बड़े जहाज। ऊँची इमारतें। मेरी कल्पना से भी बड़ी। जहाज इतने बड़े कि हर जहाज में एक रेजीमेंट घुस जाए। लाट साहब का घर बहुत बड़ा था। अगर इंग्लिस्तान में सब लाट इतने बड़े घरों में रहते हों तो वह गजब देश होगा। इसी शहर में आकर मैंने पहली बार देखा कि साहब लोग एक-दूसरे से बात नहीं करते। कोई कह रहा था कि वे एक-दूसरे को जानते भी नहीं। ये लोग इंग्लिस्तान में क्या करते होंगे, जो खुद टिकुली जैसा देश है?

संथालों के पास धनुष-बाण और कुल्हाड़ी होती है लेकिन हमारे गोली चलाने पर वे भाग जाते हैं। पहले कहा जाता था कि संथालों के तीर विष बुझे होते हैं इसी से सब लोग उनसे थर-थर काँपते थे। बाद में पता चला कि यह बात सही नहीं है। हम लोग घने जंगल से गए और चिलचिलाती गर्मी में सोन नदी के किनारे सड़क की रखवाली करते अंततः संथालों को

दबाने में कामयाब हो गए। इसके बाद हमारी रजीमेंट वहाँ से रवाना कर दी गई। संथाल लोगों ने मुझसे कहा कि उन्होंने दीवानी अदालत से न्याय न मिलने की वजह से बगावत की। वहाँ के साहूकारों-जमींदारों ने संथालों को परेशान कर रखा था। संथालों की कहीं सुनवाई नहीं थी क्योंकि वे देसी अफसरों को घूस नहीं दे पाते थे। मुझे नहीं मालूम कि यह बात कितनी सही है लेकिन इस बात पर लड़ाई होना अजीब लगता है। लड़ाई इसलिए भी अजीब थी कि एक तरफ हम लोग जंगल में उनसे लड़ रहे थे और दूसरी ओर सरकार उन्हें भरपूर अनाज मुहैया करा रही थी गाड़ियों में भर कर।

उसी समय एक अफवाह उड़ी कि सरकार पूरे अवध पर कब्जा करने वाली है। इससे फौज वाले बहुत खुश हो गए क्योंकि ज्यादातर सिपाही अवध के थे। जिनकी अवध में जमीन-जायदाद नहीं थी, उन्हें इस बात से कोई फर्क नहीं पड़ता था कि सरकार अवध पर कब्जा करेगी या नहीं। फिर भी, बेचैनी सबको थी। उस साल सरकार ने कलकत्ता के नवाब को बेदखल कर दिया और अवध का राजकाज अपने कब्जे में ले लिया। पैदल और घुड़सवार रेजीमेंट बनी, जिनका जिम्मा अंग्रेज अफसरों को सौंप दिया गया। कम उम्र के कुछ नए कमिश्नर भी भर्ती किए गए। इसमें से कई अफसर बंबई और मदरास से आए थे। उन्हें हम लोगों की भाषा, बोली, रीति-रिवाज के बारे में कुछ पता नहीं था। साहब लोगों का भी यही हाल था, जो सीधे बंगाल के स्कूल से आ गए थे।

अवध पर कब्जा हो गया और किसी ने चूँ-चपड़ नहीं की। यह सब इतनी फुर्ती से हुआ कि किसी को हल्ला-दंगा करने का मौका नहीं मिला हालाँकि कई बड़े तालुकेदार और मुखिया लोग सरकार के खिलाफ थे। सब कह रहे थे कि सरकार ने गलत काम किया है। मानते थे कि नवाब के साथ बेईमानी हुई है। आग में घी डालने वाले लोग भी कम नहीं थे। सबको समझाते फिरते कि सरकार की नीयत में खोट है। वह उल्टा-सीधा कानून बनाकर सबकी ज़मीन हड़प लेगी और कागज पर दिखा दिया जाएगा कि जमीन उनकी कभी थी ही नहीं। अवध में बहुत लोगों ने दाएँ-बाएँ करके खूब जमीन हथिया ली थी और डरे हुए थे कि सरकार जाँच का आर्डर देकर उनसे पूछताछ न करने लगे। इन सब लोगों के बड़े-बड़े घर थे, नौकर-चाकर थे। परिवार भी खूब बड़े-बड़े। इसी से पता चलता है कि उस जमाने में

इतनी हबड़-तबड़ क्यों मची थी। जिसका जो मन होता, बोलता। इसका असर सरकार की फौज पर भी पड़ रहा था।

मुझे तो यही समझ में आता है कि अवध पर कब्जे से सिपाहियों के मन में बैठ गया कि सरकार पर भरोसा नहीं किया जा सकता। इसी से लोग थोक में सरकार के खिलाफ हो गए। अवध के नवाब और दिल्ली के बादशाह यह बात समझ रहे थे। उन्होंने पूरे मुल्क में अपने आदमी भेजकर यह अंदाजा लगाने की कोशिश शुरू कर दी कि फौज में सरकार के खिलाफ कितना गुस्सा है। लोग जाकर सिपाहियों से कहते कि सरकार ने बादशाह के साथ धोखा किया है। हर बात नमक-मिर्च लगाकर बोलते। हजारों झूठी बातें गढ़कर सिपाहियों को समझाते कि वे अंग्रेजों के खिलाफ बगावत कर दें। उनका मानना था कि इससे दिल्ली के बादशाह फिर गद्दी पर बैठ जाएँगे और सब ठीक हो जाएगा। सबसे कहा कि सिपाही इकट्ठा हो जाएँ और जो उनसे कहा जाए, वही करें तो यह काम आसानी से हो सकता है।

यह भी संयोग ही था कि सरकार ने उसी समय फौज को नई राइफल चलाना सिखाने के लिए अलग-अलग रेजीमेंट से कई पार्टियाँ हर ठिकाने पर भेजीं। सीखते-सिखाते कुछ ही दिन हुए थे कि अचानक एक नई बात उठ खड़ी हुई। न जाने कहाँ से यह अफवाह शुरू हो गई कि नई राइफल में लगने वाली गोली में गाय और सूअर की चर्बी लगी है। रेजीमेंट में लिखत-पढ़त होने लगी। हमारी रेजीमेंट ने दूसरे को लिखा और उन्होंने बात आगे बढ़ाई। देखते-देखते यह बात हर रेजीमेंट में फैल गई। कुछ लोग नाराज थे। कहने लगे कि सरकार ने पिछले चालीस साल में ऐसा कुछ नहीं किया था, जिससे उनका धर्म भ्रष्ट हो जाए। सिपाही अवध पर कब्जे से चिढ़े हुए थे और इस नई अफवाह से वे भड़क गए। कई लोग कहने लगे कि सरकार सबको किरिस्तान बनाना चाहती है। नया कारतूस इसीलिए लाया गया है कि हिंदू-मुसलमान दोनों का धर्म भ्रष्ट हो जाए। जमीन से गए, अब धर्म से भी जाएँ।

मैंने यह बात अपने अफसरों को बताई लेकिन उन्होंने ध्यान नहीं दिया। अनसुना कर दिया। मुझसे कहा कि इस बारे में किसी से बात करने की जरूरत नहीं है। कुछ दिन बाद रेजीमेंट में गवर्नर जनरल साहब का एक आर्डर पढ़कर सुनाया गया। हुकुम था कि उस दिन सब हाजिर रहें। आर्डर में जनरल साहब ने कहा था कि कारतूस में ऐसी कोई चर्बी इस्तेमाल नहीं

की गई है, जैसा कहा जा रहा है। उन्होंने यह भी कहा कि आगे से सिपाही अपने मन से चर्बी लेकर खुद कारतूस बना सकते हैं। जनरल के आर्डर से सिपाही कुछ शांत हुए और उन्हें लगा कि सरकार जानबूझकर उनका धर्म नहीं बिगाड़ना चाहती। लेकिन कुछ लोग विघ्नसंतोषी थे। आर्डर को भी ले उड़े। कहने लगे कि अगर ऐसा कुछ नहीं होता और चर्बी वाली बात गलत होती तो सरकार को सफाई देने की क्या जरूरत थी? उनके हिसाब से सरकार लीपापोती कर रही है। सबका धर्म पहले ही भ्रष्ट हो चुका है। अगर सरकार हम लोगों का धर्म नहीं बिगाड़ना चाहती थी तो उसे यह कहने की क्या जरूरत थी कि कारतूस में गाय और सूअर की चर्बी की बात सही नहीं है।

तब तक अप्रैल का महीना आ गया। उसी में अक्सर सिपाहियों की छुट्टी मंजूर होती थी। मुझे भी छुट्टी मिल गई। गाँव रवाना होने से पहले मैं अपने कमान अफसर के पास गया और छावनी में जो-जो सुना था, सब बताया। उनसे यह भी कहा कि इस समय सबके सिर पर भूत सवार है। उस समय मुझे नहीं पता था कि लोगों का गुस्सा कैसे निकलेगा लेकिन यह तो मैंने सोचा ही नहीं था कि पूरी फौज बगावत कर देगी। अगर बगावत हुई तो इसमें ज्यादा से ज्यादा वही लोग शामिल होंगे, जिन्हें अवध पर सरकार के कब्जे से नुकसान हुआ है। मैं जानता था कि सरकारी धरपकड़ में कई ऐसे लोग बच गए हैं, जो ज्यादा गड़बड़ कर सकते हैं। कर्नल साहब ने मेरी बात सुनी और कहा कि उन्हें यह बात मालूम है। उन्होंने पूरा हिसाब-किताब लगाया है और चुपचाप इसलिए बैठे हैं कि कुछ दिन में सब अपने-आप शांत हो जाएगा। ऐसा पहले कई बार हो चुका है। कुछ लोग उछले-कूदे, फिर बैठ गए। सरकार से टकराने का हौसला टूट गया। उन्होंने कहा कि मैं चिंता न करूँ और शांत मन से गाँव चला जाऊँ।

❒

अवध में अशांति

कुछ दिन में मैं अपने गाँव पहुँच गया। मन में डर था लेकिन कर्नल साहब की बात पर भरोसा भी। रास्ता आराम से कटा और नया कुछ सुनाई नहीं पड़ा। लगा कि सब सचमुच शांत हो गया। पर शांति कहाँ? थोड़े ही दिन में खबरें गाँव तक पहुँचने लगीं। पहले पता चला कि मेरठ और दिल्ली में सिपाहियों ने अपने अफसरों को मार डाला। फिर खबर पहुँची कि बादशाह शहंशाह हो गए। दिल्ली में उनकी हुकूमत चलने लगी। बादशाह गदर में इसलिए कूद पड़े कि उनके कई सिपाहियों को लोहे की छड़ों से बाँधकर जेल में ठूँस दिया गया। यह उन्हें अपनी बेइज्जती लगी। इस बात पर भरोसा करना मुश्किल था लेकिन वह फैलती चली गई। अफवाहें रुकी नहीं।

मैंने सोचा कि लोगों को भड़काने के लिए किसी ने यह किस्सा गढ़ दिया होगा लेकिन बात बढ़ती गई तो मैं सही बात पूछने कमिश्नर साहब के यहाँ चला गया। पूरी बात जान लेना हमेशा अच्छा होता है। इसमें एक मुश्किल थी कि उस जमाने में लोग बात-बात पर शक करते थे। मेरे जाने से कमिश्नर साहब के आदमी ही शक करने लगते। वे सब पर नजर गड़ाए रहते थे कि कौन आया, कौन गया। मैं एक अर्जी लेकर गया लेकिन चपरासी ने उसे साहब के पास ले जाने से मना कर दिया। उसने कहा कि दफ्तर बंद होने के बाद साहब किसी से नहीं मिलते। कुछ जुगाड़ करके मैंने साहब

से भेंट की और छड़ों वाला किस्सा सुनाकर उनसे पूछा कि क्या यह सही है? साहब ने इधर-उधर की बातों में मुझे उलझा दिया। बल्कि यह जानने के लिए कि मैं कितना जानता हूँ, मुझसे ही सवाल पूछने लगे। उन्होंने यह भी पूछा कि मेरे जिले के लोगों पर इसका कितना असर हुआ है। बाद में उन्होंने खुद यह अफवाह सुनने की बात कबूल की और कहा कि खबर पक्की नहीं है। वैसे मैं उनके सवालों से पहले ही समझ गया था कि खबर उन्हें मालूम है।

अगर मैंने किसी हिंदुस्तानी अफसर से पूछा होता तो वह तुरंत कह देता कि सब झूठ है। सच में परत नहीं होती। झूठ में होती है। वह जितनी जोर से झूठ कहता, उतना ही मन में आता कि उसे पूरी बात जरूर पता है। अगर मैं ज्यादा पूछताछ करता तो अफसर पता लगाने लगता कि गदर वालों के बारे में मेरी क्या सोच है। मेरी बातों से जरा भी भनक लगती कि मैं गदर वालों का भला चाहता हूँ तो वह मेरी फौरन ऊपर शिकायत कर देता भले ही, मन ही मन, वह खुद उनका साथ दे रहा हो।

जब तक मैं गाँव में रहा, हर जगह यही बात होती रही। थोड़े दिन में देश में जैसे आग लग गई और खबर मिली कि हर रेजीमेंट में बगावत होने वाली है। सबकी धुकधुकी बढ़ी हुई थी। सब लोग डरे हुए थे। अफसर से लेकर आम आदमी तक। रोज खबर मिलती कि आज यहाँ तो कल वहाँ सिपाहियों ने अपने अफसरों को मार डाला। बगावत कर दी। मैं फिर डिप्टी कमिश्नर साहब के यहाँ गया और कहा कि जितने लोग छुट्टी पर आए हैं, मैं उन सबको इकट्ठा कर लेता हूँ। कहा कि पेंशन पाने वालों को इकट्ठा करने से फायदा होगा क्योंकि वे बंदूक चलाना जानते हैं। कमिश्नर साहब ने मेरी पीठ ठोंकी और कहा कि जरूरत पड़ने पर वह मुझे खबर कर देंगे। कुछ दिन में अवध जलने लगा। लखनऊ, सीतापुर और कई अन्य स्थानों पर गदर हो गया। रेजीमेंट के सिपाहियों ने अपनी छावनी और आसपास के इलाकों में तबाही मचा दी। कुछ सिपाही बगावत के बाद अपने गाँव चले गए। उनका गदर से बस इतना मतलब था कि वे जिस रेजीमेंट में थे, उसने बगावत कर दी थी।

इसी बीच पता चला कि मुझपर हर ओर से कड़ी नजर रखी जा रही है। गदर वालों को शक था कि मैं अफसरों तक खबर पहुँचाता हूँ। एक रोज गदर वाली एक रेजीमेंट के कई सिपाही गाँव में आए। मैंने उन्हें

समझाया कि अपने घर लौट जाएँ। कहा कि अंग्रेज सरकार से लड़ने का कोई फायदा नहीं है। मेरी बात का उन लोगों पर कोई असर नहीं हुआ। उनके सिर पर लूटमार का नशा चढ़ा हुआ था और वे उम्मीद कर रहे थे कि इसके बदले उन्हें दिल्ली से इनाम-अकराम मिलेगा। उन्होंने मेरी बात नहीं सुनी बल्कि नाराज हो गए। बंदूक निकाल ली और मुझे गोली मार देने पर उतर आए। उनकी नजर में मैं अंग्रेजों का गुलाम था। मुझे घेरकर उन लोगों ने अपने कब्जे में ले लिया। बदन पर मोटा सरिया और गले में लोहे की जंजीर बाँधकर वे मुझे लखनऊ ले जाने की तैयारी करने लगे, जहाँ उन्हें इसका इनाम मिलता। उन्होंने कहा कि अंग्रेजों की तरफदारी करने की सजा बहुत कड़ी होगी। मेरे मुँह में शीशा गलाकर डाला जाएगा ताकि मैं कभी न बोल सकूँ।

गदर वालों ने मुझे तरह-तरह से बेइज्जज किया। वे बहुत खुश थे और साहब लोगों को मारने के किस्से सुना रहे थे। कह रहे थे कि उनकी सारी साहबी हवा हो गई। डर के मारे खरगोश की तरह भागकर जंगलों में चले गए। वे मानकर चल रहे थे कि अंग्रेजों का राज पूरे देश में खत्म हो गया है। इतनी बेशर्मी करते मैंने पहले किसी को नहीं देखा था, होली में भी नहीं। उन्हें लग रहा था कि नए हाकिम उनसे खुश होंगे! बगावत की वजह से उन्हें राजा बना दिया जाएगा या बादशाह उनको बड़ा अफसर बना देंगे। उनकी तूती बोलेगी। वे ज्यादा बातचीत इसी बारे में कर रहे थे। अपने अफसरों को मारने, लूटने और थाने को आग लगाने के अलावा उन्होंने क्या किया, यह मुझे पता नहीं चल पाया। हम लोग लखनऊ के रास्ते पर कुछ ही दूर चले होंगे कि किसी ने पीछे से विलायती रेजीमेंट के आने की खबर दी। वे और डींग मारने लगे कि विलायती सिपाहियों का फौरन सफाया कर देंगे। ऊपर से बहादुरी का चोंगा ओढ़े हुए वे लोग दरअसल अंदर से डरे हुए थे। अंग्रेज से आमने-सामने लड़ने के नाम पर उनकी रूह काँप रही थी। विलायती रेजीमेंट वाली बात गलत थी। वह रेजीमेंट कभी नहीं आई। मैं इससे खुश हो गया क्योंकि गदर वाले विलायती रेजीमेंट देखते ही मुझे गोली मार देने वाले थे।

लखनऊ जाने वाले झुंड की अगुवाई एक सिपाही कर रहा था हालाँकि झुंड में दो सूबेदार थे। एक दिन एक सूबेदार ने मुझे बादशाह का हुक्मनामा दिखाया। उसमें सिपाहियों से कहा गया था कि वे बगावत कर दें और

अंग्रेजों को तबाह कर डालें। यह भी लिखा था कि बगावत करने वाले हर सिपाही को इनाम मिलेगा और अपने अफसर को मार डालने वाले सिपाही को तरक्की दी जाएगी।

हुक्मनामा बहुत लंबा-चौड़ा था। उसमें कई बातें लिखी हुई थीं। यह भी लिखा था कि अंग्रेज सरकार सभी ब्राह्मणों को ईसाई बनाना चाहती है और इसके लिए एक सौ पादरी अवध भेजे जाने वाले हैं। जाति-धर्म बिगाड़ने के लिए सबको गाय और सूअर का मांस खिलाया जाएगा। सिपाहियों से कहा गया कि वे ऐसा न होने दें और अंग्रेजों को देश से बाहर खदेड़ दें। हुक्मनामे में यह खबर भी थी कि तुर्क सुल्तान ने बादशाह को रूसियों और अंग्रेजों की लड़ाई की खबर भेजी है। लिखा है कि रूसी लोगों ने सब अंग्रेज सिपाहियों को मार डाला और अब सिर्फ हिंदुस्तान में उनकी कुछ रेजीमेंट बची हैं। ये रेजीमेंट बहुत दूर-दूर हैं और उन्हें आसानी से घेरकर मारा जा सकता है। बादशाह का हुक्मनामा पीले रंग के कागज पर लिखा था और कहा जाता था कि उन्होंने खुद इसका आर्डर दिया है। जिसने सुना, सबने उस रुक्के पर भरोसा कर लिया। उसका असर मुझपर भी हुआ। जितने साल मैं सिपाही रहा, कभी नहीं सुना कि सरकार सिपाहियों का जाति-धर्म बिगाड़ने की कोशिश कर रही है। फिर भी, मन में गाँठ पड़ गई। मुझे याद आया कि सरकार ने कई रेजीमेंट के साथ बहुत बुरा सलूक किया। उन्हें भत्ता देने की बात हुई, फिर आर्डर रोक लिया गया। मुझे यह भी याद था कि सरकार ने अवध पर बिना मतलब कब्जा किया है।

मैंने देखा था कि इधर अवध में पादरी लोग बहुत बढ़ गए हैं। हुक्मनामे की यह बात सबको ठीक ही लगती थी। रोज अपनी आँखों से देखते। पादरी साहब लोग आकर गली-मोहल्ले में खड़े हो जाते। लोगों से कहते कि उनका धर्म फर्जी है। यह कहने के बाद वे सबसे किरिस्तान बनने की बात करते। पादरी लोग यह बात हमेशा कहते कि वे सरकार के मुलाजिम नहीं हैं लेकिन मुझे यह समझ में नहीं आता। सरकार के हुक्म के बिना वे इस तरह घूम नहीं सकते थे। सबके मन में यही था कि सरकार ने ढके-छिपे तौर पर पादरी साहब लोगों को नौकरी दे रखी है, वरना वे इतनी तकलीफ क्यों उठाते?

इसके बावजूद मैं यह कभी नहीं भूला कि सरकार मेरी माई-बाप है

और मैंने चालीस साल उसका नमक खाया है। मैंने यह तय कर लिया था कि जब तक सरकार रहेगी, मैं उसके साथ धोखा नहीं करूँगा। बल्कि जहाँ तक बन पड़ेगी, मदद करूँगा। गदर वालों के साथ लखनऊ आने वाली बात छोड़ दीजिए क्योंकि उस समय मैं जंजीर में बँधा हुआ था और मौत मेरे सामने खड़ी थी। रोज-रोज यही सुनाई पड़ता कि आज यह शहर चला गया, आज यह छावनी चली गई। सच कहूँ तो एक बार मुझे भी लगा कि हिंदुस्तान में कंपनी का राज अब खत्म ही है। उसकी सारी तोपें, असलहा गदर वालों के हाथ चला गया था। इस हाल में मैं और सोचता भी क्या? बस यह था कि मुझे सरकार की तकदीर पर भरोसा था। मैं मानता था कि जो अपनी कसम तोड़कर ऐसा पाप करते हैं, किस्मत उनका बहुत देर तक साथ नहीं देती।

मैं अब भी गदर वाले सिपाहियों के कब्जे में था। साथ चल रहा था। वे लोग लखनऊ पहुँचने वाले ही थे कि अपना रास्ता बदल दिया। कानपुर की ओर मुड़ गए और वहाँ जाकर नदी पार की। एक सिपाही कह रहा था कि उन्हें सीधे बिठूर से नानासाहब का आर्डर मिला है। रास्ते में एक जगह अचानक गोरे साहबों का घुड़सवार दस्ता गदर वालों के सामने आया तो वे हड़बड़ा गए। समझ में नहीं आया कि क्या करें? बहुत सुबह का समय था। सूरज देवता कहीं दिखाई नहीं पड़ रहे थे। घुड़सवार दस्ते ने हमला कर दिया। घबराहट में गदर वाले बहादुर सिपाही जवाब नहीं दे पाए। विलायती सिपाहियों को मारने की जगह भागकर जंगलों की ओर चले गए। मैं वहीं खड़ा रह गया।

मेरी किस्मत अच्छी थी कि सिपाही भागने से पहले मुझे गोली मारना भूल गए, जिसकी उन्होंने पहले धमकी दी थी। घुड़सवार सिपाहियों ने लोहे की छड़ें खींचकर निकालीं हालाँकि तब तक उन्हें मेरी नीयत पर भरोसा नहीं था। मेरे बारे में कोई जानकारी नहीं थी। उस समय मैं एक बार फिर बाल-बाल बचा। एक गोरा अफसर मुझे गदर वाला समझकर गोली मारने वाला था। उसे मेरे गले में पड़ी जंजीर अँधेरे में नहीं दिखी। मैंने अपनी बात कही पर उसे हिंदुस्तानी समझ में नहीं आती थी। किस्मत ने फिर साथ दिया क्योंकि पास ही एक और अफसर था, जिसे हिंदुस्तानी आती थी। उसने मेरी बात सुनी। जंजीर देखकर उसे मुझपर कुछ भरोसा हुआ। जंजीर काटी गई और मुझे कमान अफसर के पास ले जाया गया। कमान अफसर

ने मेरा और मेरी रेजीमेंट का नाम लिखा। मेरा बयान दर्ज किया। वह खुद अवध के लिए नया था और पूरा हाल जानना चाहता था। उसने यह भी पूछा कि जंगल में मैंने किसी साहब या मेमसाहब को तो नहीं देखा। एक महीना पहले मैंने एक साहब देखा था। उसमें कमान अफसर की दिलचस्पी नहीं थी। उस समय तक सब ठीक ही था।

❑

अनंती से भेंट और विदाई

मैं विलायती घुड़सवार दस्ते के साथ हो लिया। घुड़सवारी में कच्चा था इसलिए कप्तान साहब मुझे सिपाही नहीं बना पाए लेकिन जब उन्हें पता चला कि मैं फारसी लिख-पढ़ लेता हूँ तो मुझे फौज में दुभाषिया बना दिया। उन्होंने मुझे एक कागज पर सर्टिफिकेट दिया, जिसमें लिखा था कि मेरे साथ क्या-क्या हुआ। उसी टुकड़ी के साथ मैं करीब छह हफ्ता रहा। उस दौरान गदर वालों की कई टुकड़ियाँ तबाह हुईं। एक बार तो आमने-सामने की कुश्ती हुई। गदर के सिपाहियों ने हम लोगों पर पिस्तौल चलाई और पूरा दम लगाया। उनकी पार्टी में हमसे तीन गुना ज्यादा आदमी थे तब भी उन्नीस सवार मारे गए और सरकार को बढ़िया नस्ल वाले इक्कीस घोड़े मिल गए। हमारी तरफ के पाँच लोग मरे और सात घायल हो गए। इसके बाद हम लोग कानपुर लौट आए, जिसपर सरकार दो बार कब्जा कर चुकी थी।

टुकड़ी का कप्तान बहुत बढ़िया आदमी था। भगवान उसका भला करे। वही मुझे लेकर कमांडर साहब के पास गया। घुड़सवार दस्ता के साथ मेरी बहादुरी देखकर कमांडर ने मुझे पंजाब की एक रेजीमेंट के साथ नत्थी कर दिया। मुझे जमादार का ओहदा मिला। यह रेजीमेंट कई लड़ाइयों में शामिल रही थी और एक बार उसकी तैनाती लखनऊ में हुई थी। एक मुठभेड़ में हम लोगों ने गदर वालों को नेपाल तक खदेड़ा। इसी चक्कर में उस इलाके में फिर जाना

हुआ, जहाँ चालीस साल पहले हाथियों ने उत्पात किया था और सब लोग डर गए थे। यह सब बताने की कोई जरूरत नहीं है क्योंकि यह सबको मालूम है लेकिन एक बात मैं कहना चाहता हूँ। जितनी लड़ाइयों में मैं रहा, मैंने गदर वालों को—चाहे वे हिंदू हों या मुसलमान—कभी-कभी जोरदार ढंग से भिड़ते देखा। मैंने सुना कि दिल्ली में भारी लड़ाई हुई। मैं वहाँ था नहीं लेकिन लगता है कि गदर वाले ठीक से नहीं लड़े वरना दस हजार से कम अंग्रेज फौज सत्तर हजार लोगों को न हरा पाती, वह भी तब, जब एक-एक घर और सारी किलेबंदी गदर वालों के हक में थी।

एक दिन लखनऊ के पास छापे में एक घर से कई लोग पकड़े गए। वे सब सिपाही थे। उन्हें पकड़कर, बाँधकर हमारी रेजीमेंट के कमांडर के सामने पेश किया गया। अगले रोज आर्डर हुआ कि सबको गोली मार दी जाए। उस समय फैरिंग पार्टी मेरे जिम्मे थी। मैं उन सिपाहियों को लेकर गोली मैदान गया। सिपाहियों से उनका नाम और रेजीमेंट पूछी। पाँच-छह लोगों के बाद एक सिपाही ने उस रेजीमेंट का नाम लिया, जिसमें मेरा बेटा तैनात था। मैंने उसे पूछा कि वह लैट कंपनी के अनंती राम को जानता है तो उसने कहा कि यह उसी का नाम है। अनंती राम बहुत लोगों का नाम होता है इसलिए पहले मैंने उस ओर ध्यान नहीं दिया। एक बात यह भी थी कि मैं मान चुका था कि अनंती सिंध में बुखार से मर गया है। इससे भी उस सिपाही का नाम अनंती होना मुझे नहीं खटका। लेकिन जब उसने अपने गाँव का नाम तिलोई बताया तो मेरा कलेजा हक्क हो गया। आँखें फट गईं। पैर काँप गए। क्या मेरे सामने खड़ा अनंती मेरा ही बेटा है? फिर उस सिपाही ने मेरा नाम लेकर कहा कि वह मेरे बाबू हैं। मैंने उससे कहा कि मैं ही सीताराम हूँ। उसने झुककर मेरे पैर छुए और माफी माँगी। अपनी रेजीमेंट के बाकी सिपाहियों के साथ वह गदर में चला गया था और फिर सब लखनऊ आ गए। एक बार जो होना था, हो गया, उसके बाद वह क्या करता? भागना भी चाहता तो कहाँ जाता?

उन सबको शाम चार बजे गोली मारी जानी थी और अपने बेटे को गोली मारने का काम मुझे ही करना था। यह है किस्मत! मैंने मेजर साहब के पास जाकर कहा कि वे मुझे फैरिंग पार्टी से हटा दें तो बड़ी कृपा होगी। मेरे ऊपर उनका अहसान होगा। मेजर साहब बहुत नाराज हुए और कहा कि काम से भागने के जुर्म में वह मेरा कोर्टमार्शल करा देंगे। मानने को

तैयार नहीं थे कि मैं कंपनी का वफादार सिपाही हूँ। चालीस साल उसकी खिदमत की है। मेजर साहब पर कोई दलील काम नहीं कर रही थी। बल्कि हर बार उन्हें लगता कि मैं बागियों के साथ हूँ। उन्होंने मेरी बात नहीं सुनी तो बाप होने के नाते मैं उन्हीं के सामने फूट कर रो पड़ा। उनसे कहा कि आर्डर हो तो मैं उसमें से हर आदमी को गोली मार दूँगा लेकिन उन्हीं में से एक बागी मेरा बेटा है। मेरी अपनी औलाद। मेजर ने कहा कि मैं अपने मुल्क वालों पर गोली चलाने से बचने के लिए झूठ बोल रहा हूँ। आखीर में उसका दिल पसीज गया। अनंती को बुलाकर उसने कई सवाल पूछे।

वह दिन मैं कभी नहीं भूलूँगा। बहुत मनहूस दिन। मेरे मन में एक बार भी नहीं आया कि मेजर साहब से अनंती को माफ कर देने को कहूँ। अनंती इसके काबिल नहीं था। अंत में मेजर को लगा कि मेरी बात सही है। उसने मुझे फैरिंग पार्टी से हटा दिया। मैं अपने टेंट में गया और सिर झुकाकर बैठ गया। दुःखी था। सिखों ने भगोड़ा होने का ताना मारकर मेरा दुःख और बढ़ाया। तभी मैंने गोली चलने की आवाज सुनी। मेरे बेटे को अपने किए का इनाम मिल गया! उसकी आँखों में डर नहीं था लेकिन मेरा मन था कि वह लड़ाई में मरा होता। मेजर साहब की कृपा से मुझे अनंती का किरिया-करम करने का मौका मिल गया। बागियों में सिर्फ उसी को यह नसीब हुआ। बाकी लोगों की लाशें गिद्ध और सियारों के लिए जंगल में फेंक दी गईं।

टहलुआ गुलामी से लौटने के बाद से मुझे अपने बेटे की खबर नहीं मिली थी। काबुल जाने के संमय से मैंने उसे नहीं देखा था। और भेंट कब हुई? जब उसने बगावत कर दी—उसी मालिक से, जिसका नमक उसने भी खाया था और उसके बाप ने भी। मुझे जो कहना था, कह दिया। और कुछ कहने की जरूरत नहीं है। वह अकेला सिपाही नहीं था, जिसने बगावत की। मेजर साहब ने मुझे बाद में बताया कि एक बागी का अंतिम संस्कार करने की अनुमति देने के लिए बाकी अफसरों ने बहुत उलटा-सीधा सुनाया। मेरे मन में आता है कि अच्छा काम करने से पाप धुल जाते हैं और अगर साहब लोग भी ऐसा मानते होंगे तो मेजर साहब का भी पाप धुल जाएगा। किस्मत किसी की राह नहीं देखती। भगवान करें मेजर साहब बहुत जल्दी जनरल बन जाएँ।

नेपाल से दूसरी बार लौटने के बाद मुझे सूबेदार बना दिया गया।

अड़तालीस साल सरकार की नौकरी करने के बाद यह तरक्की तब मिली, जब मैं बिल्कुल बूढ़ा हो गया। नेपाल में इस बार लड़ाई नेपालियों से नहीं थी। उनसे थी, जिनके साथ सरकार ने पहले नेपालियों को हराया था। मैं सरकार की नौकरी में कंपनी बहादुर के जमाने में आया और वहाँ से निकला दुनिया के राजा के जमाने में। उसकी दुनिया में सूरज नहीं डूबता था। मैंने उसकी दुनिया का एक हिस्सा देखा। पैंसठ साल का हो चुका था और तरक्की करते हुए देसी फौज के सबसे ऊँचे ओहदे पर पहुँचा था। लेकिन यह ओहदा इस उम्र में किस काम का? अब कंपनी का मुखिया बनकर मैं क्या कर लूँगा? इस पद पर तीस साल पहले मैं ज्यादा कारगर होता। अब डिरिल या डबल मार्च कैसे करूँगा?

फौज को मेरी उम्र से कोई मतलब नहीं था। मुझसे यही उम्मीद की जाती थी कि पैंसठ की उम्र में भी तीस साल के जवान की तरह चौकस और चरफर रहूँ। किसी अफसर ने इस बात का ख्याल नहीं किया कि मैं तीस साल तक बंदूक लादकर चलता रहा और इतनी लड़ाइयाँ लड़ीं, जितनी कई अफसरों की उम्र भी न होगी। अजूटन मेरे ऊपर चिल्लाता है, जैसे मैं कोई बैल हूँ। मुझे हाँकना पड़ रहा हो। उसकी उम्र उतनी ही होगी, जितनी मेरे पोते की। कमान अफसर मुझे गालियाँ देता। गधा और बेवकूफ कहता। मेरे लिए उसका तकिया कलाम था 'बूढ़ी औरत'। अंत में मुझे चीफ कमांडर के पास ले जाकर कहा गया कि मैं बिल्कुल बेकार हूँ। कमान अफसर के किसी काम लायक नहीं हूँ।

मुझे कमेटी के सामने ले जाया गया और कमेटी ने सूबेदार की पेंशन मंजूर करते हुए मेरी नौकरी खत्म कर दी। अगर किसी ने मेरे बारे में सोचा होता तो यह पेंशन मुझे कई साल पहले मिल गई होती। मेरी बहुत इच्छा थी कि पेंशन मिल जाए लेकिन मैं अपनी जुबान से माँगना नहीं चाहता था। जबर्दस्ती फौज से छुट्टी कर दी गई तो मुझे अच्छा नहीं लगा। इसके बावजूद मेरे मन में कंपनी बहादुर के लिए नाराजगी नहीं है। इसमें कोई शक नहीं है कि कंपनी बहादुर को मुझे पहले ही पेंशन देनी चाहिए थी लेकिन इसमें भी कोई शुब्हा नहीं कि पेंशन देर से मिलने में कंपनी की गलती नहीं है। अड़तालीस साल में बहुत कुछ बदल गया। नए-नए कानून बने। यह सब नए नियमों के कारण हुआ।

सूबेदार बनने में मुझे जितना समय लगा वह किसी भी सिपाही के लिए

बहुत ज्यादा है। यह ओहदा चालीस साल की नौकरी से पहले नहीं मिल पाता। आजकल कुछ लोग जल्दी जमादार और सूबेदार बन जाते हैं। गदर के जमाने में उन लोगों की तुरंत तरक्की हो गई, जिन्होंने नए लड़के फौज में भरती कराए। यह तरीका अच्छा है। इस पर अमल होना चाहिए। उस समय के अफसर मातबर थे और सिपाही लोग उनकी इज्जत करते थे—उन्हें कंपनी का बाबा-दादा समझते थे। लेकिन सरकार को एक बात समझनी होगी। अगर उसे अच्छे लोग चाहिए तो उसके लिए सड़सठ रुपया महीना तनख्वाह बहुत कम है। इतने पैसे में कोई नहीं आएगा, चाहे कंपनी ही क्यों न बुलाए। घुड़सवार दस्ते के देसी अफसर अक्सर अच्छे खानदान के छोटे लड़के होते हैं। उनकी तनख्वाह ठीक होती है। इससे वे कंपनी में रुके रहते हैं और उनका रुतबा बना रहता है।

गदर के जमाने में जमादार और सूबेदार बनने वाले देसी अफसरों ने फौज में अच्छा काम किया और अपने आदमियों का हौसला बढ़ाया। वे जवान थे और उनमें नए खून का जोश था। लेकिन लड़ाई के बाद फिर सब ठंडा पड़ गया। लड़ाई खत्म होते ही बात बदल जाती। इन नए देसी अफसरों को डिरिल नहीं आती थी और अक्सर वे अपने सिपाहियों से भी खराब डिरिल करते थे। सिपाही चालीस साल इसमें रगड़े जाते। कई सिपाही बूढ़े होने के कारण डिरिल से मुँह चुराते। लड़ाई में फौज का काम अलग होता है, लड़ाई न हो तो बिल्कुल अलग। जो डिरिल नहीं कर पाते थे, उनके साथ अक्सर जबर्दस्ती की जाती। मीलों दौड़ाया जाता और डिरिल न सीखने पर पूछताछ होती।

जवान देसी अफसर इससे तंग आ जाते। कई लोग तो ऊबकर नौकरी छोड़ देते। उनके पास फौज की नौकरी के अलावा बहुत कुछ करने को होता था। नौकरी छोड़ने वाले देसी अफसरों को सरकार जाते समय जमीन देती थी—ऐसी जमीन जिसे कोई पहले से जोत न रहा हो। मामूली सिपाही ठीक-ठाक पेंशन से ही खुश हो जाते। मुझे लगता है कि अगर सिपाही को पच्चीस साल की नौकरी के बाद पेंशन मिल जाए तो वह कभी सूबेदार बनने की परवाह न करे। यह ओहदा उसको इतनी उम्र होने पर मिलता कि वह इसके काबिल ही न रह जाता। मार्च तक नहीं कर सकता। वह उम्र मार्च करने की नहीं होती। घर में बैठने की होती है। आराम करने की।

❑

लौटना अपने गाँव

पढ़े-लिखे लोग कहते थे कि कंपनी का राज 1857 में खत्म हो जाएगा। लेकिन उन्होंने यह नहीं बताया कि उसकी जगह दूसरा अंग्रेजी राज आने वाला है। उनका कहना था कि 1857 में अंग्रेजों की पहली बड़ी लड़ाई के सौ साल पूरे हो जाएँगे। उसके बाद कंपनी नहीं रहेगी। जो नया राज आया, वह पहले से ज्यादा खराब था। कंपनी बहादुर और उसके अफसर हिंदुस्तानी लोगों के साथ इस सरकार के मुकाबले ज्यादा अच्छा व्यवहार करते थे। कंपनी के पुराने लोग सरकार में न होते तो यह और खराब होती। मेरी आखिरी रेजीमेंट में पाँच-छह जवान अफसर थे, जो किसी विलायती रेजीमेंट से आए थे। इनमें से कई कंपनी कमांडर थे लेकिन वे सिपाहियों से चिढ़ते थे। हम लोगों से बहुत कड़ा बोलते और गालियाँ देते। मुझे लगता है कि सिपाहियों को अपने साथ रखने में इसका हिसाब नहीं रखा जाता। नए अफसरों में ऐसे कम ही थे, जो सिपाहियों से बात कर पाएँ। हो सकता है विलायती फौजें ऐसे ही रहती हों पर हिंदुस्तानी सिपाहियों की कमान सँभालना उन्हें कभी नहीं आया। यह बात समझने की है कि सिपाही उस अफसर के लिए कभी नहीं लड़ेंगे, जिन्हें वे नापसंद करते हैं। उस सरकार के लिए नहीं लड़ेंगे, जो उनकी परवाह न करती हो। पहले सिपाहियों के साथ अच्छा व्यवहार होता था तब भी वे अपने मालिक के खिलाफ हो गए। अब उन्हें उतने अच्छे मालिक नहीं मिलेंगे।

गदर की आग मुसलमानों ने लगाई और हिंदू भेड़ की तरह उनके पीछे-पीछे नदी में चले गए। बगावत का असली कारण यह था कि सिपाहियों को ताकत का नशा हो गया था और अफसरों के पास उन्हें रोकने की ताकत नहीं थी। इससे सिपाहियों ने यह समझ लिया कि सरकार उनसे डरती है। सही बात यह थी कि सरकार उनपर भरोसा करती थी इसलिए कुछ नहीं कहती थी। अगर किसी का बेटा बागी हो जाए तो उसे घर से नहीं निकाल दिया जाता। मुझे लगता है कि इस गदर के बागी बेटे को जो सजा मिली है, उसका असर काफी दिन रहेगा। इससे सिपाहियों के मन में फिर उल्टी-सीधी बात नहीं आएगी।

अब यह बिल्कुल साफ है कि अफसर सिपाहियों पर भरोसा करने से डरेंगे और यह सालहासाल ऐसा ही रहेगा। वैसे इसके लिए सबको दोष देना ठीक नहीं है। कुछ सिपाही वफादार थे और कुछ किस्मत के मारे थे, जिनकी रेजीमेंट ने बगावत कर दी। दूसरी तरह वाले लोग गलती करेंगे तो सरकार उन्हें भी नहीं छोड़ेगी। बगावत करने वाले यह बात खूब समझते हैं। उनका पहला काम यही था कि अपने साथ पूरी रेजीमेंट को लपेट लें ताकि कोई अलग न जाने पाए। हर रेजीमेंट अपना झंडा ले गई। उन्होंने झंडा छोड़कर कसम नहीं तोड़ी। उन्होंने अंग्रेज की नौकरी छोड़ दी। कहा जा रहा था कि अब वे दूसरी गौरमिंट की नौकरी में जा रहे हैं।

मैं साहब लोगों को जानता हूँ। वे इस बात से बहुत खुश होते हैं कि कोई सीधे सवाल का सीधा जवाब दे। लेकिन हिंदुस्तानी अक्सर यह बात नहीं समझते। अक्सर सवाल का ऐसा जवाब देने की कोशिश करते हैं कि सवाल पूछने वाला खुश हो जाए। ऐसा जवाब, जो उसके हिसाब से पूछने वाला सुनना चाहता है। मैं अब पहले जैसा नहीं रह गया हूँ और बेटे की मौत के बाद सिर उठाकर चल भी नहीं सकता। मुझे यह बात खराब लगी कि उसने जिसका नमक खाया, उसी से लड़ा। मुझे इस बात से बहुत सहारा मिलता है कि कई साल की नौकरी में मुझे कभी सजा नहीं मिली—एक बार को छोड़कर, जो मैं पहले लिख चुका हूँ। मैंने अपनी पूरी जिंदगी सरकार की नौकरी में दे दी। मेरा एक बेटा है और उसी के हाथ मैं आपको ये कागज भेज रहा हूँ। मेरी दो बेटियाँ हैं। उनकी शादी हो गई है और वे अपने भरे-पूरे परिवार में खुश हैं।

मैंने कोई दौलत नहीं जमा की लेकिन मेरी पुश्तैनी जमीन-जायदाद है

और सूबेदार की पेंशन है। मेरे लिए यह काफी है। गाँव के लोग मेरी इज्जत करते हैं और अंग्रेजी राज का फायदा उठाते हैं, उससे संतुष्ट हैं। अब जो फसल उगाता है, जानता है कि वही काटेगा। पहले अपने पर भरोसा नहीं रहता था। कुछ छोटे हिंदुस्तानी अफसर कभी-कभी उन्हें परेशान करते हैं लेकिन अक्सर न्याय मिल जाता है। यह भी अब सुधर रहा है। अगर जिला कमिश्नर साहब हर शिकायत की सुनवाई खुद करें और सबकी भलाई का काम करें तो कोई सरकार के खिलाफ खड़ा नहीं होगा। लेकिन अगर सब हिंदुस्तानी अफसरों पर छोड़ दिया गया तो लोग दुःखी रहेंगे, गौरमिंट के खिलाफ बात करेंगे और चाहेंगे कि हुकूमत बदल जाए।

ऐसा कई बार इसलिए होता है कि साहब लोग हमारी पूरी बात समझ नहीं पाते। जितने हिंदुस्तानी अफसर हैं, सब के सब भ्रष्ट और बेईमान हैं। चाहे हिंदू हों या मुसलमान, इस मामले में उनमें कोई फर्क नहीं है। हो सकता है एकाध लोग हों, जो पाँच रुपया घूस न लेते हों लेकिन मैंने अब तक ऐसे आदमी के बारे में सुना नहीं। इसका असली कारण यह है कि सरकार तनख्वाह कम देती है। इसके बावजूद, चाहे तनख्वाह इसकी आधी हो तब भी सैकड़ों लोग सरकार की नौकरी के लिए अर्जी देंगे क्योंकि वे जानते हैं कि बाकी पैसा घूस से बना लेंगे। पहले भी यही होता था—जो आदमी ज्यादा घूस दे, काम करवा ले। जब तक घूस लेने वाले रहेंगे, देने वाले मिल जाएँगे, जब घूस देने वाले होंगे तो ऐसा आदमी ढूँढ़ना मुश्किल हो जाएगा जो घूस न ले। साहब लोग घूसखोरी खत्म करने की कोशिश करते हैं पर उन्हें कामयाबी मिलने की उम्मीद नहीं है। बरतानी अफसर यह सुनकर गुस्सा हो जाते हैं कि किसी ने घूस दी है। पूछा जाता है कि उसने घूस क्यों दी? अफसर को यह नहीं पता होता कि घूस देने वाला यही सोचता है कि कुछ रकम साहब लोगों के पास जा रही है। वह चुप रह जाता है क्योंकि चपरासी से लेकर क्लर्क तक सब यही कहते हैं कि घूस का पैसा साहब को भी गया है। मैंने ऐसे किसी दफ्तर के बारे में नहीं सुना, जहाँ क्लर्क यह न कहते हों कि साहब घूस लेते हैं। वे चाहते हैं कि घूसखोरी चलती रहे क्योंकि उनकी जिंदगी इसी से चलती है।

एक बात और बता दूँ। गाँव के पटवारी ने एक दिन मुझसे कहा कि मैंने कोई गलती की होगी जो मुझे देर से तरक्की मिली। मैंने कहा कि इसका सवाल ही नहीं है तो पटवारी हँसते हुए बोला कि मैंने दुनिया भले

घूमी हो लेकिन दुनियादारी मुझे नहीं आती। उसका मतलब यह था कि मैंने तरक्की के लिए पैसा नहीं दिया। वह सोचता था कि तरक्की किसी और चीज़ की तरह पैसा देकर ली जा सकती है। मैं ऐसे कम ही अंग्रेज अफसरों को जानता हूँ, जो घूस लेते हैं। कई लोगों ने मुझसे कहा कि अफसर घूस लेते हैं लेकिन मैंने यह बात कभी नहीं मानी क्योंकि मैं जानता हूँ कि उन्हें अपनी इज्जत बहुत प्यारी है। वैसे विलायती और हिंदुस्तानी सिपाहियों में यह खूब चलता है और घूस के मामले में दोनों में कोई अंतर नहीं है। मैं जानता हूँ कि साहब लोग घूस नहीं लेते लेकिन हमसे ज्यादा पढ़े-लिखे कई लोग दावे से कहते हैं कि साहब घूस लेते हैं। वे खुद यही करते हैं तो और क्या कहेंगे?

एक बार मुझे अपने एक छोटे-मोटे काम के लिए डिप्टी कमिश्नर साहब के दफ्तर जाना पड़ा। मैंने हिंदुस्तानी कपड़े पहन रखे थे। सोचा था कि अगर उनका दफ्तर खुला दरबार है तो मैं सीधे धड़धड़ाते हुए चला जाऊँगा। दो-तीन चपरासी दौड़ते हुए आए और पूछने लगे कि मुझे क्या काम है। मैंने कहा कि मुझे उनसे नहीं, साहब से काम है। चपरासी ने कहा कि साहब से मिलना मुश्किल है, वे कोई और काम कर रहे हैं। सैकड़ों और बहाने बनाए। उनमें से एक ने कहा कि अगर मैं पाँच रुपया दूँ तो वह मेरी अर्जी ले जाकर सीधे साहब के सामने रख देगा। मैंने उन्हें बताया कि मैं कोई अर्जी लेकर नहीं आया हूँ। मैंने घूस नहीं दी इसलिए उन्होंने मुझे बहुत देर तक रोके रखा। अंत में बूढ़े हेड क्लर्क ने मुझसे बात की। उसका कहना था कि साहब आज बहुत गुस्से में हैं। लेकिन अगर मैं उनसे मिलना ही चाहूँ तो मुझे दस रुपए देने पड़ेंगे ताकि कोई अफसर जाकर उनसे यह बात कह सके।

मैंने उस आदमी की बात नहीं मानी, पैसा भी नहीं दिया और दफ्तर में घुसने लगा। चपरासी और क्लर्क ने मुझे रोकने की काफी कोशिश की। मेरे खिलाफ बोलने लगे और कहा कि मैं बेशऊर, बदतमीज आदमी हूँ। जबर्दस्ती दफ्तर में घुसने की कोशिश कर रहा हूँ। उनकी आवाज ऊँची थी कि साहब तक पहुँच जाए। मैं साहब के पास पहुँचा, सलामी मारी और अपनी बात कहनी चाही लेकिन उन्होंने आर्डर दिया कि मुझे उठाकर बाहर फेंक दिया जाए। मुझे गालियाँ दीं। अर्दली ने मुझे बाहर निकालना चाहा लेकिन मैंने उसे फटकार दिया। साहब ने खुद मुझसे बाहर जाने के लिए

कहा था इसलिए मैं अपना नाम, रैंक और रेजीमेंट बताकर बाहर चला आया। दफ्तर में हर आदमी कसम खाकर कहने लगा कि मैंने उस चपरासी को बहुत मारा, जो मुझे रोकने की कोशिश कर रहा था। उसके मुँह से खून निकल रहा था। शायद वह इसके लिए पहले से तैयार होकर आया था क्योंकि मैंने कोई मारपीट नहीं की। सिर्फ अपने पास आने वाले लोगों को धकेल दिया था। मुझ पर दस रुपया जुर्माना लगा। मैंने लौटकर अपनी रेजीमेंट के कमान अफसर से सारी बात बताई। वे नाराज हुए और तुरंत चिट्ठी लिखी पर उसकी कहीं सुनवाई नहीं हुई। अगर आम लोग जिला कमिश्नर से आसानी से मिल सकें और गरीब लोगों की बात सुनी जाए तो घूसखोरी अपने आप कम हो जाएगी। तब मातहत अफसर डरेंगे कि साहब बात सुन लेंगे। इससे लोगों को लगेगा कि घूस देने का कोई फायदा नहीं है।

सरकार की सजा को कई लोग बेकार मानते हैं। नीची जाति का आदमी दूसरे के घर में चोरी करे और मारपीट करे तो उसे साल भर के लिए जेल भेज दिया जाता है। जेल में उसे ऐसा खाना-कपड़ा मिलता है, जो बाहर नसीब न हो। वह कहीं आ-जा नहीं सकता लेकिन खुश रहता है। मेहनत-मशक्कत तो वैसे ही उसकी जिंदगी है। देसी सरकार होती तो उसका हाथ काट दिया गया होता। ऐसी सजा चोर कभी नहीं भूलेगा। मैं समझता हूँ कि सजा ऐसी ही होनी चाहिए। सरकार को समझना चाहिए कि खेतिहर लोग बैल की तरह होते हैं, जो डंडा मारने पर ठीक से काम करता है। सरकार की सजा का उनपर असर नहीं होता। इससे वही बेवकूफ बन जाती है।

अंग्रेजों का कानून अंग्रेजों के लिए ठीक है लेकिन हम लोगों के लिए हिंदू नियम अच्छा है। हमें वही चाहिए। हमारे नियम जिस भाषा में लिखे हैं उन्हें कोई भी समझ सकता है। हिंदू लोग अंग्रेजी कानून नहीं समझ पाते क्योंकि वह अरबी में लिखा रहता है। मैंने कई पढ़े-लिखे लोगों से पूछा कि कानून ऐसी भाषा में क्यों नहीं लिखा जा सकता, जिसे सब समझ लें। उनका कहना था कि नया कानून हिंदी में नहीं लिखा जा सकता। मुझे लगता है कि जो जुर्म लोगों की भाषा में न लिखा जा सके उसके लिए सजा का इंतजाम क्यों करे? किसी की बीवी दूसरे के पास चली जाए तो उसका आदमी क्यों न पीटे? क्या सिर्फ पैसा मिलने से उसका बदला पूरा हो

जाएगा? लेकिन हम लोगों को उस औरत या उसके प्रेमी को सजा देने का हक नहीं है। यह न्याय नहीं है। इससे लोग नाराज और परेशान होते हैं। इस बारे में और कुछ नहीं कहा जा सकता।

मुझे अपनी जिंदगी के बारे में जितना याद था, लिख दिया। कई जगह अपनी राय भी लिखी। मैंने यह सब लिखने की बात कभी न सोची होती अगर मालिक ने ऐसा करने को न कहा होता। अगर मैंने कुछ उल्टा-सीधा लिख दिया हो तो माफी चाहता हूँ लेकिन जो लिखा है, एकदम सच है। मैंने तोप चलाकर चूहा नहीं मारा। गाँव में मुझे इक्का-दुक्का साहब दिखाई पड़ते हैं लेकिन कमिश्नर साहब कभी-कभी पुराना किस्सा सुनने के लिए मुझे बुलाते हैं। साल में दो बार पेंशन लेने मैं छावनी जाता हूँ। तब पुराने जमाने की बातें होती हैं। अब पुराने अफसर और साहबों में से बहुत कम बचे हैं। नए साहब लोग पुरानी बात नहीं सुनना चाहते। उस समय की बात, जब वे पैदा भी नहीं हुए थे। भगवान की कृपा से मेरे पास सरकार का दिया सबकुछ है और आग देने के लिए एक बेटा अभी जिंदा है। मालिक! अगर आप अपने मुल्क लौटने के बाद पुराने सूबेदार सीताराम को कभी याद कर लेंगे तो मैं उसी से खुश हो जाऊँगा।

अब कलम रोकता हूँ, उनका नाम लेकर, जिन्होंने मेरे साथ हमेशा अम्मा-बाबू की तरह बर्ताव किया। उनके चरणों में प्रणाम।

□□